はじめに

　本書では日本で進学を希望する外国人留学生が大学等の入学試験の面接を受けるときに必要な基本的なことが準備できるようになっています。

　入学試験の面接では特に、何を勉強したいのか、どうしてその専門を勉強したいのか、また、どうしてその大学を志望するのかという志望理由の内容が重視されます。志望校に出願するときには、入学願書などに志望理由を書く必要があり、面接でも必ず志望理由を聞かれます。本書では面接で重要な志望理由を中心に考え、質問に答えていくことによって、自分の考えが整理でき、最後に志望理由書が書けるようになっています。

　どの専門を勉強したらいいか、まだ決まっていない人は、専門を決めるためのヒントが得られます。また、既に専門が決まっている人も、自分が本当に勉強したいことは何か、見直すことができます。

　また、多くの大学でよく聞かれる質問を挙げ、答えを考えるときに参考になるアドバイスを紹介しています。面接のときのマナーについては、よい例と悪い例を挙げて一目で分かるようにしています。そして、16の分野について、英語、中国語（簡体字・繁体字）、韓国語、ベトナム語の翻訳をつけた分野別の用語集があるので、志望理由を書くときや面接の答えを考えるときに参考にすることができます。

　これらの内容をイラストを多用し、分かりやすく説明しています。どの章もそれぞれ使用する人の関心に応じて、どこからでも始めることができます。

　本書は日本の大学や大学院等への進学を希望する外国人留学生を対象とする予備教育を行っている日本語教育センター（東京日本語教育センター及び大阪日本語教育センター）での面接指導の内容をもとに作成しました。これから面接を受ける人、また、面接を受ける学生を指導される方の参考になりましたら幸いです。

目次

はじめに……………………………………………………………………… i
この本の使い方……………………………………………………………… iv

第1章　志望理由を書く前に　　1

1　日本で勉強したい……………………………………………………… 2
2　何かを勉強したい……………………………………………………… 4
3　面白いと思うのはどっち？…………………………………………… 6
4　行きたい大学がある…………………………………………………… 8
5　行きたい大学が決まった……………………………………………… 10

第2章　志望理由について考えてみよう！　　13

1　この大学で何を学びたいと思っていますか………………………… 14
2　この大学に入学を希望する理由は何ですか………………………… 18
3　入学後の抱負・学習計画を教えてください………………………… 22
4　卒業後の計画・進路を教えてください……………………………… 26
5　大学から指定された字数でまとめてください……………………… 29

第3章　よく聞かれる質問　　31

1　大学について／大学入学後の計画について………………………… 32
2　学力について…………………………………………………………… 38
3　日本の生活について…………………………………………………… 41
4　自分自身について／自分の国について……………………………… 43
5　質問リスト……………………………………………………………… 49

第4章　イラストで分かる面接のマナー　　51

1　1週間前までに準備すること
　　1-1　面接準備……………………………………………………… 52
　　1-2　服装準備……………………………………………………… 52
　　1-3　髪の毛のチェック…………………………………………… 53
　　1-4　受験場所の確認……………………………………………… 54

2 前日までに準備すること
- 2-1 持ち物準備 ………………………………… 55
- 2-2 受験場所の再確認 …………………………… 55

3 面接のマナー
- 3-1 身だしなみ …………………………………… 56
- 3-2 髪型等 ………………………………………… 60
- 3-3 面接室への入り方 …………………………… 64
- 3-4 座り方 ………………………………………… 68
- 3-5 面接中 ………………………………………… 72
- 3-6 退出のしかた ………………………………… 74

第5章 分野別用語集　77

- 1 経営 ……………………………………………… 78
- 2 経済 ……………………………………………… 82
- 3 国際関係 ………………………………………… 88
- 4 産業社会 ………………………………………… 92
- 5 社会 ……………………………………………… 96
- 6 文学 ……………………………………………… 102
- 7 法学 ……………………………………………… 106
- 8 医学 ……………………………………………… 112
- 9 看護・保健 ……………………………………… 118
- 10 工学（機械） …………………………………… 122
- 11 工学（情報） …………………………………… 126
- 12 工学（電気電子） ……………………………… 128
- 13 工学（建築・土木） …………………………… 130
- 14 農学・水産学 …………………………………… 132
- 15 薬学 ……………………………………………… 136
- 16 理学 ……………………………………………… 140

この本の使い方

第1章「志望理由を書く前に」 では、大学で何を勉強したらいいか分からない人でも、質問に答えながら、考えが整理できるようになっています。何を勉強するか既に決まっている人も、ぜひ一度、やってみてください。

第2章「志望理由について考えてみよう!」 では、志望理由書を書くときのヒントが示されています。志望大学では必要がない場合でも、一度、最後まで通して考えてみるといいでしょう。

第3章「よく聞かれる質問」 では、実際の面接でよく聞かれる質問を挙げています。入学願書や志望理由書に書いたことと併せてしっかり準備しましょう。

第4章「イラストで分かる面接のマナー」 では、実際に面接試験を受けるまでの準備と、面接を受けるときのマナーについて説明しています。面接試験の前に、準備ができているかどうか必ずチェックしてください。

第5章「分野別用語集」 では、面接試験のときや志望理由書を書くときに役に立つ日本語の用語が分野別に分けてあります。英語・中国語・韓国語・ベトナム語が付いていますので、少しずつ覚えて、常に確認するようにしてください。二つのレベルに分けてありますので、基本的な「これだけはぜひ」レベルは必ず覚えるようにしましょう。

この本を通して、私が説明します。
時間がない人は説明だけでも読んでください。

第1章

志望理由を書く前に

　皆さんが大学を受験するとき、どの大学の何学部の何学科を受験するか、決めなければなりません。そして、その志望理由を聞かれます。願書にも書きますし、面接でも聞かれます。でも、「何を勉強したいか、よく分からない」「何と答えればいいか、よく分からない」という人もいるのではないでしょうか。
　この章では、その「よく分からない」ところから、一緒に考えていきましょう。

　次のページからいろいろな質問に答えてみてください。

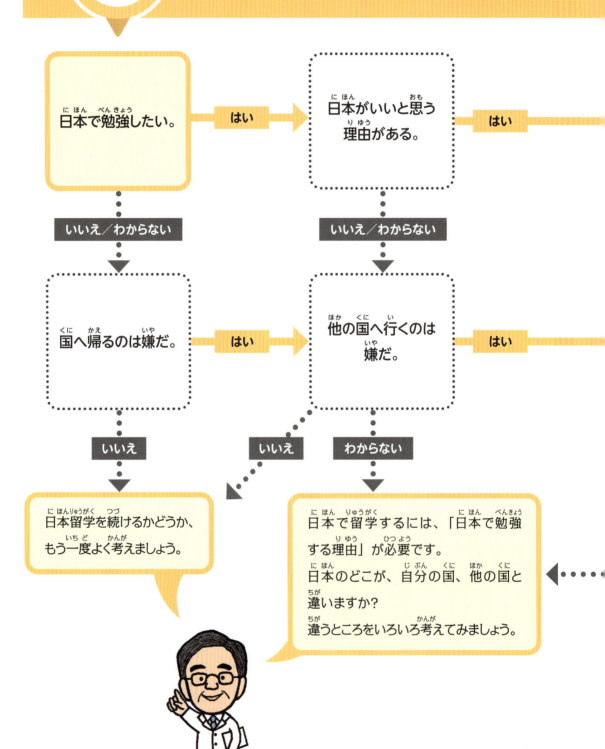

第1章 志望理由を書く前に

2へ

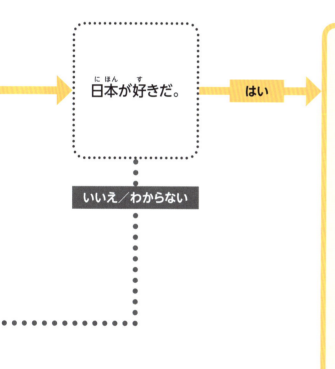

日本が好きだ。 → はい → 日本のどこが好きですか？ 何がいいと思いますか？
どうして自分の国でなく、他の国でもなく、日本なのでしょうか？
あなたが勉強したい分野は、日本が一番進んでいますか？ 他の国の方が進んでいますか？
どうして日本で勉強したいのですか？
よく考えてみましょう。
「日本で勉強する理由」が説明できるようにしましょう。

いいえ／わからない

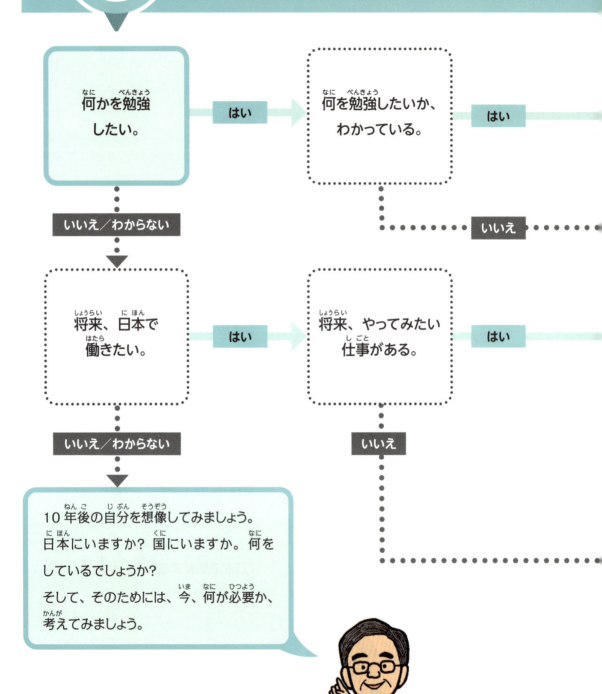

第1章　志望理由を書く前に

→ 4へ

⋯▶ 3へ

→ 4へ

日本にどんな仕事があるか、調べてみましょう。
日本で特に外国人留学生が必要とされる業種は何か、考えてみましょう。
JASSOの『外国人留学生のための就活ガイド』を見てみましょう。
https://www.jasso.go.jp/ryugaku/study_j/job/index.html

⋯▶ 3へ

自分の国で今必要なことは何でしょうか？
世界で今必要なことは何でしょうか？
考えてみましょう。

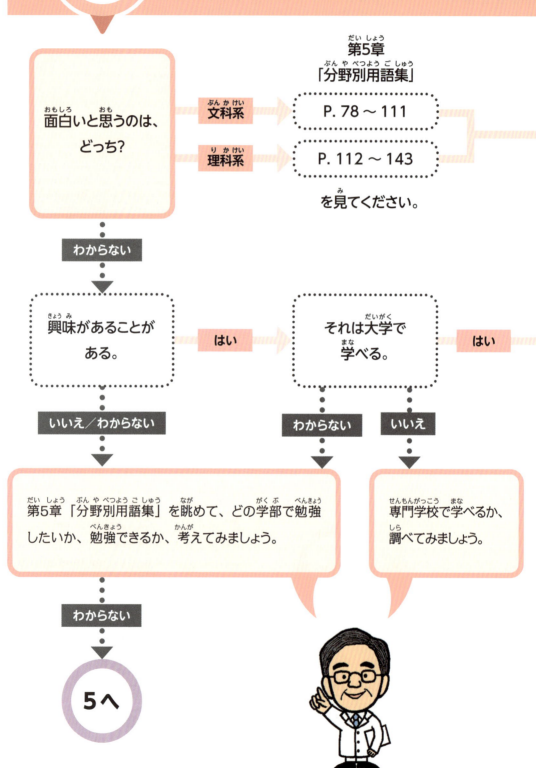

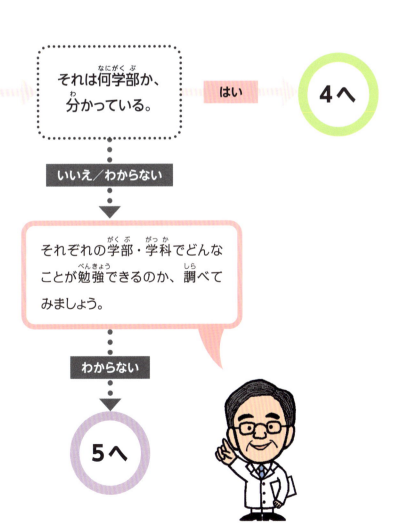

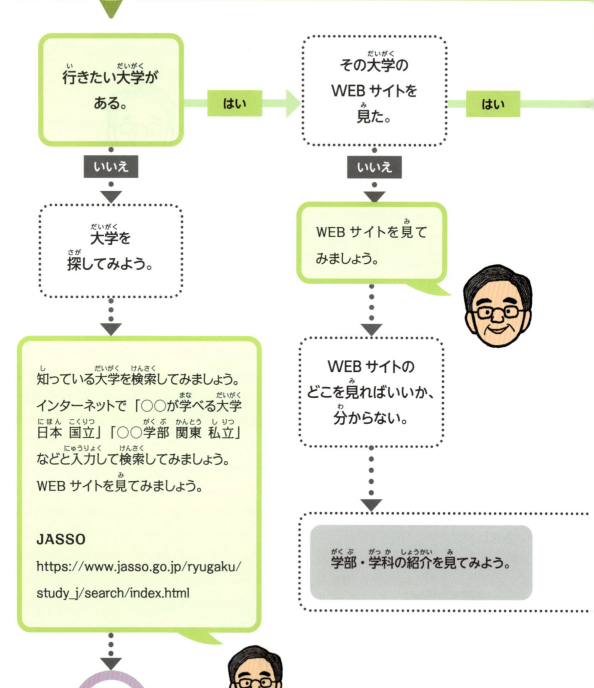

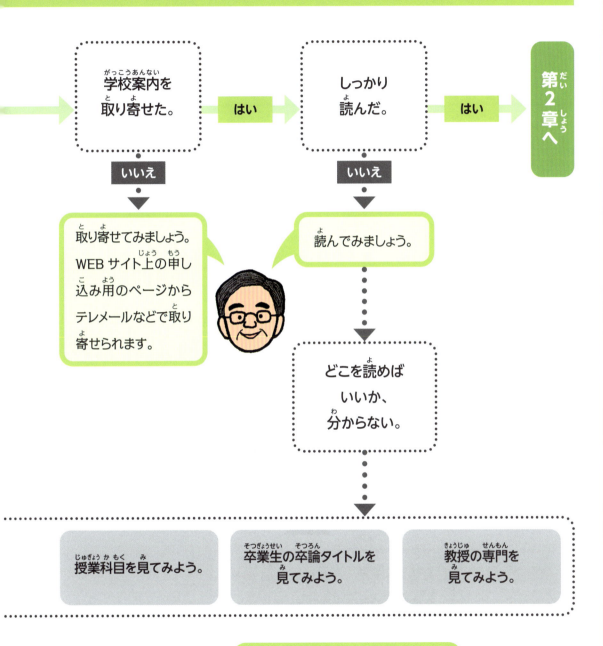

5 START

行きたい大学が決まった。やりたいことが決まった。 — はい → **第2章へ**

↓ いいえ

これまでのところを参考に「やりたいこと（仮）」を決めて受験しましょう。 そして そこで頑張ってみましょう。

志望する大学、学部は4年間学び、卒業論文や卒業研究もあります。ちょっとでも「おもしろい」と思える分野を選びましょう。そのためにも、受験前の今、よく考えましょう。

第1章 志望理由を書く前に

そうすれば

専門を一つ学ぶことができます。

そして

大学卒業のときに、「○○を学んだ」と胸を張って言えるようになればいいのです。

何を勉強するか、決められましたか?
それでは、次に進みましょう。

第2章

志望理由について考えてみよう！

　志望理由は「入学願書」の一部に書く欄がある場合と、「志望理由書」、「志願理由書」、「志願票」など、願書とは別の書類に書く場合があります。また、内容についても、詳しく指示されている場合もありますが、指示されていない場合もあります。以下の1～4は、様々な大学の出願書類に共通してよく聞かれる質問です。志望理由として、どんなことを書けばよいか、考えてみましょう。

1 この大学（学部・学科・専攻・コース）で何を学びたいと思っていますか。

①まず、自分で書いてみましょう。

....

....

....

....

....

②どんなことを書きましたか。具体的にどんなことを書いたらいいか、考えてみましょう。次のa〜dの質問に答えてください。

a どんなことに興味がありますか？

（例）マンガ、アニメ、日本語……
- ....
- ....
- ....

b どんな授業（科目）に興味がありますか？
学校案内やパンフレットを見てみましょう。

（例）日本文化、日本語、会話、音声……
-
-
-

 それはどうしてですか？

（例）言葉や文化が自分の国と違っていて面白いから。
-
-
-

第2章　志望理由について考えてみよう！

d 興味を持ったきっかけは何ですか？

(例) 子供のとき、日本のアニメを初めて見て、びっくりした。
-
-
-

③それでは、a〜dで考えたことの中から、「この大学（学部・学科・専攻・コース）で何を学びたいか」を説明するために書くことを選んでください。そして、例のように、一つの文章にまとめてみましょう。

(例)

私は子供のころ、日本のアニメを初めて見て、大変驚きました。私の国とは文化や習慣が全然違うからです。日本のことをもっと知りたいと思いました。外国の文化や習慣をよく知るためには、その国の言葉を知らなければなりません。それで、日本語に興味を持つようになりました。特に、マンガやアニメに出てくる会話や、音声に興味があります。貴学では、日本語・日本文化を専攻して、日本語の音声について勉強したいと思っています。

第2章 志望理由について考えてみよう！

①で書いたものと比べてみて、どうですか？
自分が大学で学びたいことを決めるまでの一つのストーリーができているでしょうか。
関係がないことを書いていないか、もう一度、確認してみましょう。

2 この大学に入学を希望する理由は何ですか。

①まず、自分で書いてみましょう。

....

....

....

....

....

②どんなことを書きましたか。具体的にどんなことを書いたらいいか、考えてみましょう。次のa〜cの質問に答えてください。

a　この大学のどんなところに魅力を感じますか?

(例) キャンパスが静かで勉強に集中できる環境にある、留学生が多い……

- ....
- ....
- ....

b どうしてこの大学でなければなりませんか?
他ではできないことは何か、考えてみましょう。

（例）特別な実験施設がある、○○先生がいる、卒業生のネットワークが強い……
-
-
-

第2章 志望理由について考えてみよう！

c 日本を留学先として選んだ理由は何ですか?

（例）実験施設や研究分野が国にはない、
　　　日本のほうが○○の技術が進んでいる……
-
-
-

③それでは、a～cで考えたことの中から、「この大学に入学を希望する理由」を説明するために書くことを選んでください。そして、例のように、一つの文章にまとめてみましょう。

> （例）
>
> 貴学は、キャンパスが静かで勉強に集中できる環境にあり、音声の実験ができる施設が充実しています。私の国にはこのような施設はありません。また、アニメの音声についての研究をなさっている○○先生がいらっしゃいます。さらに、貴学は外国人学生が多く、様々な背景を持つ学生が多いことが魅力です。先輩から、貴学は卒業生のネットワークが強いということも聞きました。施設が充実した国際的な環境で、専門の先生の下で勉強したいと思い、貴学を選びました。

①で書いたものと比べてみて、どうですか？
その大学が他の大学と比べてどう違うかが分からない人は、大学説明会やオープンキャンパスに行ってみるといいでしょう。
キャンパスツアーや模擬授業に参加した経験を書くのもいいでしょう。
建学の精神も含め、大学が特にアピールしていることは何か、よく調べてみましょう。

第2章 志望理由について考えてみよう！

3 入学後の抱負・学習計画を教えてください。

①まず、自分で書いてみましょう。

②どんなことを書きましたか。具体的にどんなことを書いたらいいか、考えてみましょう。次のa〜bの質問に答えてください。

a 何年生のときに、何を学びますか？
学校案内やホームページを見て、どんなことが学べるかよく調べましょう。

(例)【1、2年生】「日本語学」「音声学」の授業で、日本語の音声に関する知識を身に付ける。……
　　【3、4年生】○○先生のゼミで、実験音声学について専門的に学び、「アニメにおける日本語の音声」について論文を書く。……

-
-
-

第2章 志望理由について考えてみよう！

b 他に、クラブ活動やボランティアなど、やってみたいことはありますか？

（例）アニメ研究会、語学交換、ボランティア……

③それでは、a～bで考えたことの中から、「入学後の学習計画・抱負」を説明するために書くことを選んでください。そして、例のように、一つの文章にまとめてみましょう。

（例）
大学入学後は、まず、「日本語学」「音声学」の授業で、日本語の音声に関する知識を身に付け、3年生のときには、○○先生のゼミで実験音声学について専門的に学びたいです。そして、4年生のときには、「アニメにおける日本語の音声」について論文を書きたいと思っています。また、サークル活動として、アニメ研究会に入って、同じ趣味を持つ日本人の友達を作りたいです。さらに、語学交換やボランティアをしながら、地域の人ともつながりたいと思っています。

第2章 志望理由について考えてみよう！

①で書いたものと比べてみて、どうですか？
大学で何が学べるか、どんなクラブ活動があるか、先輩に聞いてみるといいでしょう。

4 卒業後の計画・進路を教えてください。

①まず、自分で書いてみましょう。

②どんなことを書きましたか。具体的にどんなことを書いたらいいか、考えてみましょう。次のa～bの質問に答えてください。

a 5年後は、どこで、何をしていると思いますか?

(例) 大学院進学、帰国、就職……
-
-
-

b 大学で学んだことを卒業後、どう活かしたいか、考えましょう。

(例)アニメ制作会社、音声に関する仕事……
・
・
・

第2章 志望理由について考えてみよう！

③それでは、a〜bで考えたことの中から、「卒業後の計画・進路」を説明するために書くことを選んでください。そして、例のように、一つの文章にまとめてみましょう。

(例)
大学卒業後は、大学院に進学して、アニメの音声に関する研究を続けたいと思っています。大学院卒業後は帰国し、大学で学んだ知識や経験を活かして、アニメ制作会社に就職したいと考えています。

27

①で書いたものと比べてみて、どうですか？
大学で学びたいことと将来のことは関連性があるか、確認してみましょう。

5　1〜4を大学から指定された字数でまとめてください。

言いたいことがよく伝わるように順番を考えましょう。

①これまで、以下の質問に答えてきました。どの順番に並べたら、分かりやすいと思いますか。
（　）に番号を書いてみましょう。

（　）この大学（学部・学科・専攻・コース）で何を学びたいと思っていますか。
（　）この大学に入学を希望する理由は何ですか。
（　）入学後の抱負・学習計画を教えてください。
（　）卒業後の計画・進路を教えてください。

効果的に伝えるためには、
1→2→3→4の順番でなくてもいいですよ。

②受験する大学から指定された字数で書いてみましょう。まだ字数などが分からない人は、原稿用紙に1000字程度で書いてみてください。書いたら、先生に見てもらいましょう。

志望理由書を清書するときは必ずペンで書きましょう。
鉛筆や消せるペンでは書かないようにしてください。
丁寧に読みやすい字で書いてください。
段落に分けることも忘れないでください。

第2章　志望理由について考えてみよう！

よく聞かれる質問

志望理由の他に面接では以下の内容について、よく聞かれます。

〈大学について／大学入学後の計画について〉
〈学力について〉
〈日本の生活について〉
〈自分自身について／自分の国について〉

この章では、よく聞かれる内容について、それぞれいくつか質問を挙げています。そして、答えを考えるときのヒントを先生がアドバイスします。一般的なことではなく、自分自身のことを具体的に話せるよう、回答を考えてみましょう。

大学について／大学入学後の計画について

1 大学ではどんなことをしたいですか。

志望分野について特にどんなことを学びたいですか？
その理由も説明しましょう。

大学の勉強以外にどんなことをしたいですか？
クラブ活動や交流活動などについて話しましょう。

大学では特に＿＿＿＿＿＿＿＿＿＿＿＿＿＿＿＿＿＿について学びたいです。

なぜなら＿＿＿＿＿＿＿＿＿＿＿＿＿＿＿＿＿＿＿＿＿＿＿からです。

また、＿＿＿＿＿＿＿＿＿＿＿＿＿＿＿＿＿＿＿＿＿＿＿＿＿＿

＿＿＿＿＿＿＿＿＿＿＿＿＿＿＿＿＿＿＿＿＿＿＿と思っています。

私は＿＿＿＿＿＿＿＿＿＿＿＿＿＿＿＿＿＿＿＿に関心があるので、

＿＿＿＿＿＿＿＿＿＿＿＿＿＿＿＿＿＿＿＿＿＿＿＿＿＿＿＿＿

＿＿＿＿＿＿＿＿＿＿＿＿＿＿＿＿＿＿＿＿＿＿＿＿＿＿＿＿＿

＿＿＿＿＿＿＿＿＿＿＿＿＿＿＿＿＿＿＿＿＿＿＿＿＿＿＿＿＿

2 大学を卒業したら何をしたいですか。
大学卒業後の計画を話してください。

> 自分の希望や計画を具体的に話しましょう。

> 就職するなら、日本か出身国か、どんな仕事をしたいか、大学での志望分野が活かせるような希望がいいです。大学院等への進学を希望する場合は、なぜ進学したいか、大学院卒業後の計画も話しましょう。

大学卒業後は日本で＿＿＿＿＿＿＿＿＿＿＿＿＿＿＿の会社に就職したいです。＿＿＿＿＿＿＿＿＿＿＿＿＿＿＿＿＿＿＿＿＿＿

＿＿＿＿＿＿＿＿＿＿＿＿＿＿＿＿＿＿＿＿＿＿＿＿＿＿＿＿＿＿＿＿

＿＿＿＿＿＿＿＿＿＿＿＿＿＿＿＿＿＿＿＿＿＿＿＿＿＿＿＿＿＿＿＿

大学を卒業したら、大学院に進学したいです。

＿＿＿＿＿＿＿＿＿＿＿＿＿＿＿＿＿＿＿＿＿＿＿＿＿＿＿＿＿＿＿＿

＿＿＿＿＿＿＿＿＿＿＿＿＿＿＿＿＿＿＿＿＿＿＿＿＿＿＿＿＿＿＿＿

＿＿＿＿＿＿＿＿＿＿＿＿＿＿＿＿＿＿＿＿＿＿＿＿＿＿＿＿＿＿＿＿

大学院卒業後は＿＿＿＿＿＿＿＿＿＿＿＿＿＿＿＿＿＿＿＿＿＿＿＿＿

第3章 よく聞かれる質問

3 この大学のことはどのように知りましたか。

> どこで知りましたか？（進学説明会など）

> 何で見ましたか？（WEBサイト、ポスターなど）

> 誰から聞きましたか？（先輩、先生など）

 _____

_____に参加したときに

こちらの大学のことを知りました。

_____

_____から

こちらの大学のことを勧められました。

④ この大学の印象はどうですか。
この大学のどんなところに魅力を感じますか。

> 大学説明会、オープンキャンパスなど、大学へ行ったことがあれば、大学の先生や職員の方と話したときのことやキャンパスの印象を話しましょう。

> 出身校の先生や先輩から聞いたり、大学案内などで調べたりしたときに感じた印象を話しましょう。

私は大学のオープンキャンパスに参加しました。

そのとき、_____

_____

_____と感じました。

私は日本語学校の先生から、こちらの大学について話を聞きました。

こちらの大学では_____

_____

_____に魅力を感じました。

第3章 よく聞かれる質問

5 学費や生活費はどのように準備しますか。

 誰が学費を払うか明確に答えます。

アルバイトをする場合は勉強を妨げない程度にすることを伝えておきましょう。

学費は私の＿＿＿＿＿＿＿＿＿＿＿＿＿＿＿＿＿＿＿が用意してくれます。

＿＿＿＿＿＿＿＿＿＿＿＿＿＿＿＿＿＿＿＿＿＿＿＿＿＿＿＿＿＿

＿＿＿＿＿＿＿＿＿＿＿＿＿＿＿＿＿＿＿＿＿＿＿＿＿＿＿＿＿＿

＿＿＿＿＿＿＿＿＿＿＿＿＿＿＿＿＿＿＿＿＿＿＿＿＿＿＿＿＿＿

学費は私の＿＿＿＿＿＿＿＿＿＿＿＿＿＿＿＿＿＿＿が用意してくれますが、

＿＿＿＿＿＿＿＿＿＿＿＿＿＿＿＿＿＿＿＿＿＿＿＿＿＿＿＿ために

少しアルバイトをしたいです。アルバイトをすれば＿＿＿＿＿＿＿＿＿＿＿＿

＿＿＿＿＿＿＿＿＿＿＿＿＿＿＿＿＿＿＿＿＿＿＿＿＿＿＿＿＿＿

＿＿＿＿＿＿＿＿＿＿＿＿＿＿＿＿＿＿＿＿＿＿＿＿＿＿できます。

アルバイトは勉強に影響のない程度にします。

6 併願校はありますか。

> 併願校があっても、この大学に合格できれば入学したいことを伝えましょう。

> この大学に合格したい気持ちを伝えましょう。

いいえ、_____

_____

_____

_____

併願校はありますが、_____

_____

_____

_____

学力について

7 日本語はどのように勉強しましたか。
日本語はどんな点が難しいと思いますか。

日本へ来る前と日本へ来てから、それぞれどの学校でどのくらいの期間勉強しましたか？

難しい点を答えるだけでなく、それについて、どのように努力しているか伝えましょう。

私は日本へ来る前に＿＿＿＿＿＿＿＿＿＿＿＿＿＿＿＿＿＿＿＿＿＿＿＿＿＿＿＿

＿＿＿＿＿＿＿＿＿＿＿＿＿＿＿＿＿＿＿＿＿＿＿＿＿＿＿＿＿＿＿＿＿＿＿＿＿＿

＿＿＿＿＿＿＿＿＿＿＿＿＿＿＿＿＿＿＿＿＿＿＿＿＿＿＿＿＿＿＿＿＿＿＿＿＿＿

＿＿＿＿＿＿＿＿＿＿＿＿＿＿＿＿＿＿＿＿＿＿＿＿＿＿＿＿＿＿＿＿＿＿＿＿＿＿

日本語は＿＿＿＿＿＿＿＿＿＿＿＿＿＿＿＿＿＿＿＿＿＿＿＿が難しいと思います。

なぜなら、＿＿＿＿＿＿＿＿＿＿＿＿＿＿＿＿＿＿＿＿＿＿＿＿＿＿＿＿＿＿＿＿

＿＿＿＿＿＿＿＿＿＿＿＿＿＿＿＿＿＿＿＿＿＿＿＿＿＿＿＿＿＿＿＿からです。

それで、私は＿＿＿＿＿＿＿＿＿＿＿＿＿＿＿＿＿＿＿＿＿＿＿＿＿＿しています。

8 英語の学力はどうですか。

> TOEFLなどの試験の受験経験があり、ある程度の成績を取っている場合は試験の成績を伝えましょう。

> 試験を受験したことがない場合、どの程度の学力があるか、新聞が読める、会話ができるなど具体的に伝えましょう。

(いつ?)＿＿＿＿＿＿＿＿＿＿＿＿＿＿＿＿＿＿＿＿＿＿＿＿＿＿＿＿＿＿＿＿＿

(何を?)＿＿＿＿＿＿＿＿＿＿＿＿＿＿＿＿＿＿＿＿＿＿＿＿＿を受験しました。

＿＿＿＿＿＿＿＿＿＿＿＿＿＿＿＿＿＿＿＿＿＿＿＿＿＿＿＿＿＿＿＿＿＿＿＿

＿＿＿＿＿＿＿＿＿＿＿＿＿＿＿＿＿＿＿＿＿＿＿＿＿＿＿＿＿＿＿＿＿＿＿＿

TOEFLなどの英語の試験は受験したことがありませんが、＿＿＿＿＿＿＿＿＿＿

＿＿＿＿＿＿＿＿＿＿＿＿＿＿＿＿＿＿＿＿＿＿＿＿＿＿＿＿＿＿＿＿＿＿＿＿

＿＿＿＿＿＿＿＿＿＿＿＿＿＿＿＿＿＿＿＿＿＿＿＿＿＿＿＿＿＿＿＿＿＿＿＿

＿＿＿＿＿＿＿＿＿＿＿＿＿＿＿＿＿＿＿＿＿＿＿＿＿＿＿＿＿＿＿＿＿＿＿＿

第3章 よく聞かれる質問

9 得意な科目は何ですか。不得意な科目は何ですか。

得意科目はどうしてその科目が得意になりましたか？
その科目の中で特にどんな分野に関心がありますか？
具体的に伝えましょう。

不得意な科目がなければ言わなくてもいいですが、弱い科目が
あれば、努力してできるようになっていることを伝えましょう。

私は＿＿＿＿＿＿＿＿＿＿＿＿＿＿＿＿＿＿＿＿＿＿＿＿＿＿＿が得意です。

＿＿＿＿＿＿＿＿＿＿＿＿＿＿＿＿＿＿＿＿＿＿＿＿＿＿＿＿＿＿＿＿＿＿

＿＿＿＿＿＿＿＿＿＿＿＿＿＿＿＿＿＿＿＿＿＿＿＿＿＿＿＿＿＿＿＿＿＿

＿＿＿＿＿＿＿＿＿＿＿＿＿＿＿＿＿＿＿＿＿＿＿＿＿＿＿＿＿＿＿＿＿＿

不得意な科目は、＿＿＿＿＿＿＿＿＿＿＿＿＿＿＿＿＿＿＿＿＿＿＿＿＿

＿＿＿＿＿＿＿＿＿＿＿＿＿＿＿＿＿＿＿＿＿＿＿＿＿＿＿＿＿＿＿＿＿＿

＿＿＿＿＿＿＿＿＿＿＿＿＿＿＿＿＿＿＿＿＿＿＿＿＿＿＿＿＿＿＿＿＿＿

＿＿＿＿＿＿＿＿＿＿＿＿＿＿＿＿＿＿＿＿＿＿＿＿＿＿＿＿＿＿＿＿＿＿

＿＿＿＿＿＿＿＿＿＿＿＿＿＿＿＿＿＿＿＿＿＿＿＿＿＿＿＿＿＿＿＿＿＿

日本の生活について

10
日本の生活はどうですか。
日本の印象はどうですか。
日本の〇〇はどうですか。(料理、文化、観光地など)

驚いたことなど自分の体験をもとに具体的に話しましょう。

日本と出身国との違いを比較して話すこともできます。

第3章 よく聞かれる質問

日本の生活は＿＿＿＿＿＿＿＿＿＿＿＿＿＿＿＿＿＿＿＿＿＿＿＿＿＿＿です。

＿＿＿＿＿＿＿＿＿＿＿＿＿＿＿＿＿＿＿＿＿＿＿＿＿＿＿＿＿＿＿＿＿＿＿

＿＿＿＿＿＿＿＿＿＿＿＿＿＿＿＿＿＿＿＿＿＿＿＿＿＿＿＿＿＿＿＿＿＿＿

＿＿＿＿＿＿＿＿＿＿＿＿＿＿＿＿＿＿＿＿＿＿＿＿＿＿＿＿＿＿＿＿＿＿＿

日本の＿＿＿＿＿＿＿＿＿＿＿は私の国の＿＿＿＿＿＿＿＿＿＿＿＿＿と

とても違います。例えば、＿＿＿＿＿＿＿＿＿＿＿＿＿＿＿＿＿＿＿＿＿

＿＿＿＿＿＿＿＿＿＿＿＿＿＿＿＿＿＿＿＿＿＿＿＿＿＿＿＿＿＿＿＿＿＿＿

＿＿＿＿＿＿＿＿＿＿＿＿＿＿＿＿＿＿＿＿＿＿＿＿＿＿＿＿＿＿＿＿＿＿＿

＿＿＿＿＿＿＿＿＿＿＿＿＿＿＿＿＿＿＿＿＿＿＿＿＿＿＿＿＿＿＿＿＿＿＿

11 日本に日本人の友人や知人がいますか。
その人とはどこで知り合いましたか。

日本に友人、知人がいる場合は、どこに、誰がいるか話しましょう。

その人と自分との関係やどこで知り合ったか話しましょう。

(場所)＿＿＿＿＿＿＿＿＿＿＿＿＿＿＿＿＿＿＿＿に

＿＿＿＿＿＿＿＿＿＿＿＿＿＿＿＿＿＿＿＿がいます。

＿＿＿＿＿＿＿＿＿＿＿＿＿＿＿＿＿＿＿＿

＿＿＿＿＿＿＿＿＿＿＿＿＿＿＿＿＿＿＿＿で知り合いました。

(場所)＿＿＿＿＿＿＿＿＿＿＿＿＿＿＿＿＿＿＿＿に

＿＿＿＿＿＿＿＿＿＿＿＿＿＿＿＿＿＿＿＿がいます。

＿＿＿＿＿＿＿＿＿＿＿＿＿＿＿＿＿＿＿＿

＿＿＿＿＿＿＿＿＿＿＿＿＿＿＿＿＿＿＿＿

自分自身について／自分の国について

12 自己紹介をしてください。
自分をアピールしてください。

> 自己紹介は、出身地、来日時期、日本留学の目的、関心のあることなどを話しましょう。

> 特に興味のあることやそれに関して活躍した経験をアピールできます。性格の長所もアピールしましょう。

私は＿＿＿＿＿＿＿＿＿＿＿＿＿＿＿＿＿＿＿＿＿＿＿から来ました。

＿＿＿＿＿＿＿＿＿＿＿＿＿＿＿＿＿＿＿＿＿＿＿＿＿と申します。

＿＿＿＿＿＿＿＿＿＿＿＿＿＿＿＿＿＿＿＿＿＿日本へ来ました。

＿＿＿＿＿＿＿＿＿＿＿＿＿＿＿＿＿＿＿＿＿＿＿＿ために

＿＿＿＿＿＿＿＿＿＿＿＿＿＿＿＿＿＿＿＿＿＿＿＿＿＿＿＿

私は特に＿＿＿＿＿＿＿＿＿＿＿＿＿＿＿＿＿＿＿に関心があり、

＿＿＿＿＿＿＿＿＿＿＿＿＿＿＿＿＿＿＿＿＿＿＿＿＿＿＿＿

＿＿＿＿＿＿＿＿＿＿＿＿＿＿＿＿＿＿＿＿＿＿＿＿＿＿＿＿

第3章 よく聞かれる質問

13 高校生のとき、どのようなことに興味がありましたか。高校生のときに参加した活動があれば話してください。

「興味」：好きな科目、好きなスポーツ
「活動」：所属したクラブ
「頑張ったこと」：コンテスト出場、イベント参加
などを話しましょう。

いつ頃から始めたか、それを好きになった、またはそれを始めたきっかけは何か、どんなことを努力したかなど話しましょう。

私は高校生のとき、＿＿＿＿＿＿＿＿＿＿＿＿＿＿＿＿＿＿＿＿が好きで、

＿＿＿＿＿＿＿＿＿＿＿＿＿＿＿＿＿＿＿＿＿＿＿＿＿＿＿＿

＿＿＿＿＿＿＿＿＿＿＿＿＿＿＿＿＿＿＿＿＿＿＿＿＿＿＿＿

＿＿＿＿＿＿＿＿＿＿＿＿＿＿＿＿＿＿＿＿＿＿＿＿＿＿＿＿

私は＿＿＿＿＿＿＿＿＿＿＿＿＿＿＿＿＿＿＿＿＿＿＿＿から

＿＿＿＿＿＿＿＿＿＿＿＿＿＿＿＿＿＿＿＿＿＿＿＿＿＿＿＿

＿＿＿＿＿＿＿＿＿＿＿＿＿＿＿＿＿＿＿＿＿＿＿＿＿＿＿＿

＿＿＿＿＿＿＿＿＿＿＿＿＿＿＿＿＿＿＿＿＿＿＿＿＿＿＿＿

14 趣味は何ですか。

「スポーツをすることです。」のように1文で終わらせず、スポーツを始めたきっかけ、好きな理由、どんなスポーツが好きかなど説明を加えましょう。

ゲームをすること、漫画を読むことなど一般的に遊びの印象が強いものは避けましょう。

私の趣味は＿＿＿＿＿＿＿＿＿＿＿＿＿＿＿＿＿＿＿＿＿＿＿＿＿＿＿＿です。

＿＿＿＿＿＿＿＿＿＿＿＿＿＿＿＿＿＿＿＿＿＿＿＿＿＿＿＿＿＿＿＿＿＿

＿＿＿＿＿＿＿＿＿＿＿＿＿＿＿＿＿＿＿＿＿＿＿＿＿＿＿＿＿＿＿＿＿＿

＿＿＿＿＿＿＿＿＿＿＿＿＿＿＿＿＿＿＿＿＿＿＿＿＿＿＿＿＿＿＿＿＿＿

私は＿＿＿＿＿＿＿＿＿＿＿＿＿＿＿＿＿＿＿＿＿＿＿＿＿＿＿＿が好きです。

＿＿＿＿＿＿＿＿＿＿＿＿＿＿＿＿＿＿＿＿＿＿＿＿＿＿＿＿＿＿＿＿＿＿

＿＿＿＿＿＿＿＿＿＿＿＿＿＿＿＿＿＿＿＿＿＿＿＿＿＿＿＿＿＿＿＿＿＿

＿＿＿＿＿＿＿＿＿＿＿＿＿＿＿＿＿＿＿＿＿＿＿＿＿＿＿＿＿＿＿＿＿＿

第3章 よく聞かれる質問

15 ご両親はどんな仕事をしていますか。

> 日本語での言い方を確認しておきましょう。

> 簡単に説明できるようにしておきましょう。

私の父は＿＿＿＿＿＿＿＿＿＿＿＿＿＿＿＿＿＿＿＿＿＿＿＿＿＿＿＿＿＿＿＿＿＿

＿＿＿＿＿＿＿＿＿＿＿＿＿＿＿＿＿＿＿＿＿＿＿＿＿＿＿＿＿＿＿＿＿＿＿＿＿＿

＿＿＿＿＿＿＿＿＿＿＿＿＿＿＿＿＿＿＿＿＿＿＿＿＿＿＿＿＿＿＿＿＿＿＿＿＿＿

＿＿＿＿＿＿＿＿＿＿＿＿＿＿＿＿＿＿＿＿＿＿＿＿＿＿＿＿＿＿＿＿＿＿＿＿＿＿

＿＿＿＿＿＿＿＿＿＿＿＿＿＿＿＿＿＿＿＿＿＿＿＿＿＿＿＿＿＿＿＿＿＿＿＿＿＿

私の母は＿＿＿＿＿＿＿＿＿＿＿＿＿＿＿＿＿＿＿＿＿＿＿＿＿＿＿＿＿＿＿＿＿＿

＿＿＿＿＿＿＿＿＿＿＿＿＿＿＿＿＿＿＿＿＿＿＿＿＿＿＿＿＿＿＿＿＿＿＿＿＿＿

＿＿＿＿＿＿＿＿＿＿＿＿＿＿＿＿＿＿＿＿＿＿＿＿＿＿＿＿＿＿＿＿＿＿＿＿＿＿

＿＿＿＿＿＿＿＿＿＿＿＿＿＿＿＿＿＿＿＿＿＿＿＿＿＿＿＿＿＿＿＿＿＿＿＿＿＿

＿＿＿＿＿＿＿＿＿＿＿＿＿＿＿＿＿＿＿＿＿＿＿＿＿＿＿＿＿＿＿＿＿＿＿＿＿＿

16 最近読んだ本について話してください。
最近関心を持っているニュースについて話してください。

> 本の著者、書名が正確に言えるようにしましょう。
> それはどのような内容かを簡単に話し、読んでどう思ったか感想を述べましょう。

> ニュースは、いつのどこの国のどのようなニュースかを正確に言いましょう。そのニュースについてどう思ったか感想を述べましょう。

第3章 よく聞かれる質問

最近私が読んだ本は（著者）＿＿＿＿＿＿＿＿＿＿＿＿＿＿＿＿＿＿の
（書名）＿＿＿＿＿＿＿＿＿＿＿＿＿＿＿＿＿＿＿＿＿＿＿です。

（内容）＿＿＿＿＿＿＿＿＿＿＿＿＿＿＿＿＿＿＿＿＿＿＿＿＿＿

（感想）＿＿＿＿＿＿＿＿＿＿＿＿＿＿＿＿＿＿＿＿＿＿＿＿＿＿

最近私が関心を持ったニュースは＿＿＿＿＿＿＿＿＿＿＿＿＿＿＿

＿＿＿＿＿＿＿＿＿＿＿＿＿＿＿＿＿＿＿＿＿のニュースです。

＿＿＿＿＿＿＿＿＿＿＿＿＿＿＿＿＿＿＿＿＿＿＿＿＿＿＿＿＿

＿＿＿＿＿＿＿＿＿＿＿＿＿＿＿＿＿＿＿＿＿＿＿＿＿＿＿＿＿

17 あなたの国の有名なものは何ですか。
あなたの国と日本と違う点は何ですか。

「場所」なら、どこか、どんな所か、その国の人にとってどんな所か、「もの」なら、何か、どのようなものか、その国の人にとってどのようなものかなどを話しましょう。

日本と国との違いは、一般的な違いだけでなく、志望分野の科目、志望分野に関係のあるトピックについての違いを聞かれることもあります。

私の国で有名なものは、＿＿＿＿＿＿＿＿＿＿＿＿＿＿＿＿＿＿＿＿＿＿＿です。

これは＿＿＿＿＿＿＿＿＿＿＿＿＿＿＿＿＿＿＿＿＿＿＿＿＿＿＿＿＿＿＿

＿＿＿＿＿＿＿＿＿＿＿＿＿＿＿＿＿＿＿＿＿＿＿＿＿＿＿＿＿＿＿＿＿＿＿

＿＿＿＿＿＿＿＿＿＿＿＿＿＿＿＿＿＿＿＿＿＿＿＿＿＿＿＿＿＿＿＿＿＿＿

私の国と日本と違う点は、＿＿＿＿＿＿＿＿＿＿＿＿＿＿＿＿＿＿＿＿＿

＿＿＿＿＿＿＿＿＿＿＿＿＿＿＿＿＿＿＿＿＿＿＿＿＿＿＿＿＿＿＿＿です。

＿＿＿＿＿＿＿＿＿＿＿＿＿＿＿＿＿＿＿＿＿＿＿＿＿＿＿＿＿＿＿＿＿＿＿

＿＿＿＿＿＿＿＿＿＿＿＿＿＿＿＿＿＿＿＿＿＿＿＿＿＿＿＿＿＿＿＿＿＿＿

質問リスト

大学について 大学入学後の 計画について	1	大学ではどんなことをしたいですか。
	2	大学を卒業したら何をしたいですか。 大学卒業後の計画を話してください。
	3	この大学のことはどのように知りましたか。
	4	この大学の印象はどうですか。 この大学のどんなところに魅力を感じますか。
	5	学費や生活費はどのように準備しますか。
	6	併願校はありますか。
学力について	7	日本語はどのように勉強しましたか。 日本語はどんな点が難しいと思いますか。
	8	英語の学力はどうですか。
	9	得意な科目は何ですか。 不得意な科目は何ですか。
日本の 生活について	10	日本の生活はどうですか。 日本の印象はどうですか。 日本の〇〇はどうですか。（料理、文化、観光地など）
	11	日本に日本人の友人や知人がいますか。 その人とはどこで知り合いましたか。

第3章 よく聞かれる質問

質問リスト

自分自身について	12	自己紹介をしてください。 自分をアピールしてください。
	13	高校生のとき、どのようなことに興味がありましたか。 高校生のときに参加した活動があれば話してください。
	14	趣味は何ですか。
自分の国について	15	ご両親はどんな仕事をしていますか。
	16	最近読んだ本について話してください。 最近関心を持っているニュースについて話してください。
	17	あなたの国の有名なものは何ですか。 あなたの国と日本と違う点は何ですか。

イラストで分かる面接のマナー

　留学生の皆さんが大学を受験するとき、ほとんどの大学で面接試験が行われます。

　この章では、実際に面接試験を受けるまでの準備と、面接を受けるときのマナーについて、イラストで分かりやすく説明しています。

　ここでは面接試験で普通、面接官にいい印象を与えると思われるものを「よい例」とし、悪い印象を与えると思われるものを「悪い例」として紹介しています。けれども、皆さんの国と日本ではマナーが違うところもありますし、髪型やファッションは個人の自由な表現です。ですから、「悪い例」で紹介されていても、それを否定するものではありません。

1 １週間前までに準備すること

準備ができているかどうか
□にチェックしてみましょう。

1-1 ｜ 面接準備

面接の練習をしましょう！

□ 大学を選んだ理由が言えますか。　　　>>> 第2章

□ その学科や専門を選んだ理由が言えますか。　　　>>> 第2章

□ 卒業後の計画が言えますか。　　　>>> 第2章

□ 面接室への入り方、退出のし方が分かりますか。　　　>>> 第4章

1-2 ｜ 服装準備

面接の時に着ていく服や靴を準備しましょう！

□ 服を準備しましたか。　　　>>> 第4章

面接に適した服を
持っていない場合は
準備しましょう。

□ 面接の時にはいていく靴を準備しましたか。

>>> 第4章

面接に適した靴を持っていない場合は準備しましょう。

1-3 │ 髪の毛のチェック

髪の毛を整えましょう！

□ 髪型は面接にふさわしいですか。

>>> 第4章

□ 髪の毛の色は自然の色ですか。

>>> 第4章

面接にふさわしくない場合は理容室や美容院に行きましょう。

イラストで分かる面接のマナー

1-4 受験場所の確認

行き方の確認をしましょう！

□ 何で行きますか。交通手段を確認しましょう。

- 飛行機や長距離電車、長距離バスの場合は予約しましょう。
- 学割が使える場合は、学校に申請して学生割引証をもらいましょう。

□ 泊まるところは決まりましたか。

- 受験場所が遠い場合はできるだけ前日に行きましょう。
- 受験場所まで行くのに便利なホテルを探して予約をしましょう。

2 前日までに準備すること

準備ができているかどうか□にチェックしてみましょう。

2-1 持ち物準備

受験に行くために必要な持ち物を確認しましょう!

- □ 受験票　　　　受験票に書かれている受験地や日時も確認しましょう。
- □ 筆記用具　　　HBの鉛筆とよく消える消しゴムを準備しましょう。
- □ 腕時計　　　　アラーム付やデジタルなどの音の出る時計はだめです。
- □ お金　　　　　交通費やホテル代など必要なお金を準備しましょう。
- □ 交通系ICカード　何度も切符を買わなくてもすむので便利です。
- □ 地図　　　　　紙の地図のほうが分かりやすい時があります。

2-2 受験場所の再確認

受験場所や行き方の確認をもう一度しましょう!

□ 受験地は確認しましたか。
大学はキャンパスが数か所ある場合があります。

□ 受験場所までの交通手段、行き方は確認しましたか。
電車やバスに乗る時間を調べましょう。乗り換えがある場合はどこで乗り換えるのが便利か調べましょう。
大学が大きい場合は大学の門から会場まで遠い場合もあります。余裕を持って行きましょう。

□ 下見に行きましたか。
近い場合は早いうちに下見に行っておきましょう。遠い場合は、前の日に早めに行ってその日のうちに下見をしておきましょう。

□ 出発時間を決めましたか。
余裕を持って行けるよう、出発時間を決めましょう。

第4章 イラストで分かる面接のマナー

3 面接のマナー

3-1 身だしなみ

よい例　男子学生

○ 黒か紺のスーツ

シャツ

○ えりのあるシャツ（ワイシャツ）
　色は白が無難

ネクタイ

○ ネクタイは派手すぎないもの
※白は結婚式、黒は葬式に使うので避けましょう。

靴下

○ 黒や紺などのビジネスソックス

靴

○ 黒の革靴

きちんとした服装で
のぞみましょう。

身だしなみ

悪い例 — 男子学生

✗ 帽子（宗教等特別な理由を除く）

シャツ等
- ✗ 派手な色や柄のもの
- ✗ Tシャツ
- ✗ ボタンのないシャツ
- ✗ ポロシャツ
- ✗ リュックを背負ったまま

ズボン
- ✗ ジーンズ
- ✗ 破れたズボン
- ✗ ショートパンツ
- ✗ クロップドパンツ（少し短い丈のズボン）

靴
- ✗ スニーカー
- ✗ サンダル
- ✗ 汚れた靴
- ✗ 先のとがりすぎた革靴
- ✗ 遊びに行くような靴
- ✗ 靴下をはかない

 服装で損をしないようにね！女子も同じですよ！

第4章 イラストで分かる面接のマナー

身だしなみ

女子学生

よい例

○ 黒や紺などのスーツ（パンツスーツでもよい）

スカートの場合

長さ　　　　○ ひざ丈
ストッキング　○ 肌色に近い色のストッキング
　　　　　　○ 寒いときはタイツでもよい

靴

○ 黒の革靴

○ パンプス（ヒールの低いもの）

清潔な印象が大切！

身だしなみ

✕ 悪い例　　女子学生

飾りの多いもの、派手すぎるものは避けましょう。

上着
- ✕ 透ける素材のもの（シースルー）
- ✕ 光る素材のもの
- ✕ ピンクや赤など、派手な色のもの

スカートの場合
- 長さ　　　　✕ 超ミニスカート
- ストッキング　✕ 網タイツ
- 　　　　　　✕ 柄タイツ
- 　　　　　　✕ 目立つ色のストッキング
- 　　　　　　✕ 素足

靴
- ✕ サンダル
- ✕ 高すぎるハイヒール
- ✕ 特別厚い底の靴

パーティーに行く時のような服装はやめましょう。

第4章　イラストで分かる面接のマナー

3-2 髪型等

よい例 — 男子学生

髪型
- 特に目立つ奇抜な髪型ではない
- 短い髪型
- 真面目なイメージ
- 自分の自然な色
- 清潔感がある

アクセサリー
- ピアスをしない
- 目立つアクセサリーをつけない

ひげ
- ひげは基本的にきれいにそる
- ひげを伸ばしている人は整える
- 無精ひげはやめましょう

つめ
- つめは清潔に切っておく
- 長く伸ばさない

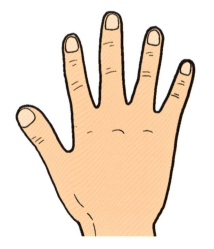

清潔感を大切に!

髪型等

悪い例 — 男子学生

髪型
- ✘ 特に目立つ奇抜な髪型
- ✘ 手入れされていない長い髪
- ✘ 目立つカラー
- ✘ ふけ
- ✘ 油でぎとぎとの髪

アクセサリー
- ✘ ピアス
- ✘ 特に目立つアクセサリー

ひげ
- ✘ 無精ひげ

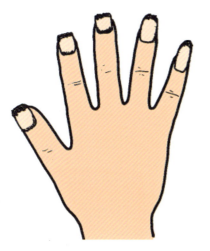

つめ
- ✘ マニキュア
- ✘ 長く伸ばす

真面目な学生に見られないと損をしますよ！

第4章 イラストで分かる面接のマナー

髪型等

よい例 — 女子学生

髪型
- きれいに整える
- 前髪は目にかからないように
- 長い髪は後ろで一つにまとめる

化粧
- 自然な薄化粧
- ノーメイク

アクセサリー
- つけなくてもよい
- 派手なものをつけない
- 上品なものを控えめにつける

つめ
- 伸ばしすぎない
- きれいに切りそろえる
- 清潔にする
- マニキュアはしなくてもよい
- 自然な色のマニキュア

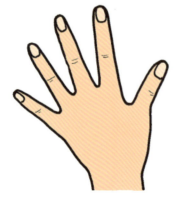

自然が一番!

髪型等

悪い例　女子学生

髪型
- ✗ 奇抜な髪型

化粧
- ✗ 派手な化粧
- ✗ 過度なつけまつげやエクステ

アクセサリー
- ✗ 大きすぎるピアス
- ✗ 派手なアクセサリー

つめ
- ✗ 長く伸ばしている
- ✗ 派手な色のマニキュア
- ✗ 派手なネイルアート

派手な化粧はマイナスですよ！ナチュラルメイクにしましょう！

第4章　イラストで分かる面接のマナー

3-3 面接室への入り方

よい例

ノック

○ ノックは軽く2〜3回
↓
返事を聞いてからドアを静かに開けて入る
↓
ドアをていねいに閉める
↓
「失礼します」と挨拶をする

部屋に入る前にコートは脱ぎましょう。コートや荷物は控え室に置くか、手に持って入りましょう。

面接室への入り方

悪い例　ノック

- ✗ ノックをしない
- ✗ ノックを4回以上する
- ✗ ノックをした後、返事を聞く前に開ける
- ✗ ドアを開けっ放しにする
- ✗ 大きい音を立てて閉める
- ✗ コートやジャケットを着たまま入る
- ✗ リュック等を背負ったまま入る

あせらずに落ち着いて入室しましょう。

第4章　イラストで分かる面接のマナー

面接室への入り方

よい例 — おじぎ、挨拶

おじぎ
- 30度～45度
- 手は横か前でそろえる
- 頭だけをぺこりと下げない
- おじぎをするときは視線も下に
- あごを出さない
- おしりを突き出さない
- おじぎはドアを開けて部屋に入ってからする

おじぎをするとき
1. 面接室に入るとき
 「失礼します」
2. いすにこしかける前いすの横に立って
 「よろしくお願いします」
3. 質問が終わったとき
 「ありがとうございました」
4. 面接室から出るとき
 「失礼します」

大きな声ではきはきとあいさつしましょう！

面接室への入り方

おじぎ、挨拶

悪い例

✗ 頭だけを下げる
✗ 猫背になる
✗ 上目づかい（視線だけ正面）で見る
✗ 90度以上のおじぎ

悪い例のようにならないように鏡の前で練習してみましょう！

第4章 イラストで分かる面接のマナー

3-4 座り方

よい例 — 男子学生

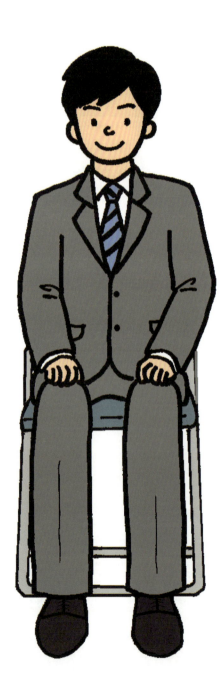

頭
- あごをひいて面接官をまっすぐ見る
- 目線は面接官のネクタイの結び目か あごのあたり
- 下を向かない
- にらまない

姿勢
- 肩を下げて首を長くし、背筋を伸ばす
- 深く座る
- 背もたれにもたれない

手
- 手は足の上

足
- 足は開きすぎない（腰幅ぐらい）
- 足を組まない

座った姿勢を美しく保つ練習をしましょう！

座り方

悪い例 — 男子学生

頭
- ✗ あごを出す
- ✗ 横を見る
- ✗ 下を向く
- ✗ 視線をはずす
- ✗ 上目づかい
- ✗ にらみつける

姿勢
- ✗ 猫背
- ✗ ふんぞりかえる
- ✗ 背もたれにもたれかかる

手
- ✗ 腕を組む

足
- ✗ 足を開きすぎる
- ✗ 足を組む

緊張すると手や指を動かしたりする人がいますよ。気をつけて。

第4章 イラストで分かる面接のマナー

座り方

女子学生

- あごをひいて、面接官をまっすぐ見る
- 肩を下ろして首を長くし、背筋を伸ばす

- 手はそろえて重ねる

- 足をそろえる
- ひざを開かない
- 足を組まない

- 面接官が複数いる場合、自己紹介の時はみんなを見る
  質問された場合は質問者を見る

視線も大事!

座り方

悪い例　　女子学生

頭
- ✗ あごを出す
- ✗ 首を傾ける
- ✗ 髪をかき上げる
- ✗ 下を向く
- ✗ 上目づかい
- ✗ にらみつける

姿勢
- ✗ 猫背
- ✗ ふんぞりかえる

手
- ✗ 腕を組む
- ✗ 手先を動かす

足
- ✗ 足を開く
- ✗ 足を組む

第4章　イラストで分かる面接のマナー

座り方が悪いために、やる気や真面目さが伝わらないと残念！一生懸命質問に答える態度でのぞみましょう。

3-5 | 面接中

面接中の受け答え

視線
- 下を見ない
- 面接官をまっすぐ見る

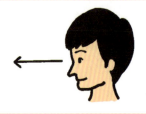

言葉づかい
- ていねいな言葉づかい
- 「です」「ます」の形で
- 名詞で終わらないで「○○です」
- 返事ははっきり「はい」
- 落ち着いてはっきり答える

受け答え
- 考えているときは「そうですね」と言いながら考える（無言にはならない）
- 質問がよく聞こえなかった場合やよく分からなかった場合は「すみません。もう一度言ってください。」と聞き返してもよい
- 確認したいときは、質問をくりかえすか、「○○ですか。」と言う
- 質問されたことにきちんと答え、熱意が伝わるようにする
- 答えはシンプルに聞かれたことだけ答える

この大学に合格したいという熱意が伝わるように！

面接中

悪い例　面接中の受け答え

視線

✗ 下を見る　　✗ 上目づかい　　✗ 視線が定まらない

 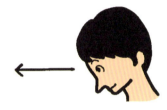 

言葉づかい

✗ 友だちと話すときの言い方

✗ 「うん」

✗ 「です」、「ます」をつけずに名詞で答える

✗ 早口

受け答え

✗ 質問に答えるとき、「はい」「いいえ」だけで終わる

✗ だらだらと長すぎる答え

面接官が優しくてもリラックスしすぎないように!

第4章　イラストで分かる面接のマナー

3-6 退出のしかた

退出のしかた

 よい例

○ 面接が終わったら、立ち上がり、
「ありがとうございました。」
⬇
ドアのそばまで行って
「失礼します。」
⬇
ドアを静かに最後まで閉める

最後の印象がよければ好印象に!
終わりよければすべてよし!

退出のしかた

悪い例　退出のしかた

- ✕ おじぎをしない
- ✕ 頭だけペコリと下げる
- ✕ 何も言わずに出る
- ✕ ドアをバタンと閉める
- ✕ 挨拶しながらドアを開ける
- ✕ 挨拶しながらドアを閉める

最後まで見られているので気を抜かないこと！

やるだけのことをやったら後は待つだけ！

第4章　イラストで分かる面接のマナー

第5章

分野別用語集
（日本語、英語、中国語、韓国語、ベトナム語）

面接の時や志望理由書を書く時に役に立つ日本語の用語をレベル別、分野別に分けて、英語と中国語と韓国語とベトナム語をつけました。

二つのレベル

「これだけはぜひ」レベルは、これだけは自由に使えるようにしておいたほうがいい用語です。「時間があれば」レベルは、時間があれば、使えるように勉強しておいたほうがいい用語です。

分野別

分野は次のように、文科系を七つに、理科系を九つに分けてあります。

★文科系
経営／経済／国際関係／産業社会／社会／文学／法学

★理科系
医学／看護・保健／工学（機械）／工学（情報）／
工学（電気電子）／工学（建築・土木）／農学・水産学／薬学／理学

時間があれば、受験する分野と近い分野の用語も勉強しておきましょう。

経営　「これだけはぜひ」レベル

	✔	日本語	英語	中国語（簡体字）
1		MBA（経営学修士）	MBA (Master of Business Administration)	工商管理硕士
2		インフレ（インフレーション）	inflation	通货膨胀
3		会計学	accounting	会计学
4		株	stock	股票
5		株価	stock price	股价
6		株主	shareholder	股东
7		企業	company	企业
8		グローバル化	globalization	国际化
9		経営	management	经营
10		景気	business conditions	行情
11		経済学	economics	经济学
12		広告	advertisement	广告
13		市場	market	市场
14		税金	tax	税
15		宣伝	publicity	宣传
16		ニーズ	needs	需要，需求
17		不景気	recession	不景气，萧条
18		マーケティング	marketing	市场营销
19		リストラ	restructuring	人员裁减
20		流通	distribution	流通，传播

努力は裏切りません。
がんばってください。

	✔	中国語(繁体字)	韓国語	ベトナム語
1		工商管理碩士	MBA(경영학석사)	Thạc Sĩ Quản trị Kinh doanh
2		通貨膨脹	인프레	Lạm phát
3		會計學	회계학	Môn Kế toán
4		股票	주식	Cổ phần
5		股價	주가	Giá cổ phần niêm yết
6		股東	주주	Cổ đông
7		企業	기업	Công ty
8		國際化	글로벌화	Toàn cầu hóa
9		經營	경영	Kinh Doanh
10		行情	경기	Kinh tế phát triển
11		經濟學	경제학	Kinh tế học
12		廣告	광고	Quảng cáo
13		市場	시장	Thị trường
14		税	세금	Thuế
15		宣傳	선전	Tuyên Truyền
16		需要・需求	니즈(필요,요구)	Nhu Cầu
17		不景氣・蕭條	불경기	Kinh tế suy thoái
18		市場營銷	마켓팅	Tiếp thị, marketing
19		人員裁減	리스트라(해고)	Tái cấu trúc
20		流通・傳播	유통	Lưu thông

第5章 分野別用語集

一心不乱に勉強した経験は、
後できっと役に立ちますよ。

経営　「時間があれば」レベル

	✔	日本語	英語	中国語（簡体字）
1		解雇（かいこ）	dismissal	解雇
2		株式市場（かぶしきしじょう）	stock market	股票市场，股市
3		危機管理（ききかんり）	crisis management	危机管理，危机対策
4		金融（きんゆう）	finance	金融
5		経営管理（けいえいかんり）	business administration	经营管理
6		経営危機（けいえいきき）	management crisis	经营危机
7		経営戦略（けいえいせんりゃく）	management strategy	经营战略
8		経営組織（けいえいそしき）	management organization	经营组织
9		コンプライアンス	compliance	适应性，遵从，守法
10		財務（ざいむ）	finance	财务
11		残業（ざんぎょう）	overtime	加班
12		証券（しょうけん）	securities	证券
13		消費者（しょうひしゃ）	consumer	消费者
14		人材育成（じんざいいくせい）	human resource development	人才扶植，人才培养
15		生産管理（せいさんかんり）	production control	生产管理
16		多国籍企業（たこくせききぎょう）	multinational company	跨国公司，跨国企业
17		通信販売（通販）（つうしんはんばい（つうはん））	mail order	通讯销售（邮购）
18		デフレ（デフレーション）	deflation	通货紧缩
19		倒産（とうさん）	bankruptcy	倒闭，破产
20		日本型経営（にほんがたけいえい）	Japanese style management	日本方式的经营
21		破産（はさん）	bankruptcy	破产，倒闭
22		ベンチャービジネス	venture business	投机事业，风险企业
23		労使関係（ろうしかんけい）	labor relations	劳资关系
24		労働組合（ろうどうくみあい）	labor union	工会

	✔	中国語(繁体字)	韓国語	ベトナム語
1		解雇	해고	Sa thải
2		股票市場・股市	주식시장	Thị trường chứng khoán
3		危機管理・危機對策	위기관리	Quản Lý khủng khoảng
4		金融	금융	Tài Chính
5		經營管理	경영관리	Quản trị kinh doanh
6		經營危機	경영위기	Khủng hoảng kinh doanh
7		經營戰略	경영전략	Chiến lược Quản lý
8		經營組織	경영조직	Tổ chức quản lý
9		適應性・遵從・守法	컴플라이언스	Tuân thủ luật pháp
10		財務	재무	Tài Chính
11		加班	잔업	Làm thêm giờ
12		證券	증권	Chứng khoán
13		消費者	소비자	Người tiêu dùng
14		人才扶植・人才培養	인재육성	Phát triển nguồn nhân lực
15		生產管理	생산관리	Quản lý sản xuất
16		跨國公司・跨國企業	다국적기업	Tập đoàn đa quốc gia
17		通訊銷售(郵購)	통신판매(통판)	Bán hàng online
18		通貨緊縮	디플레	Sự giảm phát
19		倒閉・破產	도산	Sự phá sản
20		日本方式的經營	일본형경영	Quản lý kiểu Nhật Bản
21		破產・倒閉	파산	Sự phá sản
22		投機事業・風險企業	벤처비지니스	Kinh doanh mạo hiểm
23		勞資關係	노사관계	Quan hệ lao động
24		工會	노동조합	Công Đoàn

経済 「これだけはぜひ」レベル

	✔	日本語	英語	中国語（簡体字）
1		GDP（国内総生産）	GDP (gross domestic product)	国民生产总值
2		赤字	deficit	亏损，赤字
3		銀行	bank	银行
4		需要	demand	需要
5		供給	supply	供应，供给
6		インフレ（インフレーション）	inflation	通货膨胀
7		円高	strong yen	日元上涨
8		円安	weak yen	日元贬值
9		企業	company	企业
10		給料	salary	薪水，工资
11		黒字	surplus	盈利
12		景気	the state of economy	行情
13		経済	economy	经济
14		産業	industry	产业
15		残業	overtime	加班
16		支出	spending	开支
17		市場	market	市场
18		失業	unemployment	失业
19		失業者	unemployed people	失业者
20		借金	debt	负债
21		収入	income	收入
22		消費税	consumption tax	消费税
23		税金	tax	税
24		生産	production	生产
25		正社員	regular employee	正式员工
26		政府	government	政府
27		先進国	developed country	发达国家
28		貯金	savings	积蓄
29		デフレ（デフレーション）	deflation	通货紧缩
30		途上国	developing countries	发展中国家

	✔	中国語(繁体字)	韓国語	ベトナム語
1		國民生產總值	GDP(국내총생산)	Tổng sản phẩm quốc nội
2		虧損·赤字	적자	Lỗ vốn
3		銀行	은행	Ngân hàng
4		需要	수요	Nhu cầu
5		供應·供給	공급	Cung cấp
6		通貨膨脹	인플레	Sự lạm phát
7		日圓上漲	엔고(엔화강세)	Đồng Yên cao
8		日圓貶值	엔저(엔화약세)	Đồng Yên Thấp
9		企業	기업	Công ty
10		薪水·工資	급료(월급)	Lương
11		盈利	흑자	Lãi
12		行情	경기	Nền Kinh tế
13		經濟	경제	Kinh tế
14		產業	산업	Công nghiệp
15		加班	잔업	Làm thêm giờ
16		開支	지출	Chi (Trả)
17		市場	시장	Thị trường
18		失業	실업	Thất nghiệp
19		失業者	실업자	Người thất nghiệp
20		負債	빚(부채)	Nợ nần
21		收入	수입	Thu Nhập
22		消費稅	소비세	Thuế tiêu thụ
23		稅	세금	Thuế
24		生產	생산	Sản xuất
25		正式員工	정규사원	Nhân viên chính thức
26		政府	정부	Chính phủ
27		已開發國家	선진국	Các quốc gia Tiên Tiến
28		積蓄	저금	Tiết kiệm
29		通貨緊縮	디플레(디플레이션)	Giảm Phát (Sự giảm phát)
30		發展中國家	도상국	Nước đang phát triển

経済 「これだけはぜひ」レベル

	✔	日本語	英語	中国語(簡体字)
31		ドル高	dollar high	美元上涨
32		ドル安	dollar weak	美元下跌
33		値段	price	价格
34		販売	sale	销售
35		不景気	recession	不景气．萧条
36		物価	prices	物价
37		貿易	trade	贸易
38		輸出	export	出口
39		輸入	import	进口
40		予算	budget	预算
41		労働者	worker	工人．劳动者
42		労働力	labor force	劳动力

経済 「時間があれば」レベル

	✔	日本語	英語	中国語(簡体字)
1		TPP（環太平洋経済連携協定）	TPP	跨太平洋伙伴关系
2		国債	government bond	国债．公债
3		医療費	medical bills	医疗费用
4		解雇	dismissal	解雇
5		格差	disparity	差别．差距
6		株価	stock price	股价
7		株価上昇	rising stock price	股价上升
8		関税	tariff	关税
9		関税撤廃	abolition of tariffs	取消关税
10		起業	starting a business	创业
11		技術開発	technology development	技术开发
12		金融	finance	金融
13		金利	interest rate	利息
14		経済効果	economic effect	经济效果
15		経済政策	economic policy	经济政策

	✔	中国語(繁体字)	韓国語	ベトナム語
31		美元上漲	달러강세	Đồng Đô La Mỹ Cao
32		美元下跌	달러약화	Đồng Đô La Mỹ Thấp
33		價格	값 (가격)	Giá cả
34		銷售	판매	Buôn Bán
35		不景氣・蕭條	불경기	Kinh tế suy thoái
36		物價	물가	Giá cả
37		貿易	무역	Ngoại Thương
38		出口	수출	Xuất khẩu
39		進口	수입	Nhập khẩu
40		預算	예산	Dự toán
41		工人・勞動者	노동자	Công nhân, người lao động
42		勞動力	노동력	Nguồn lao động

	✔	中国語(繁体字)	韓国語	ベトナム語
1		跨太平洋夥伴關係	TPP	Hiệp định đối tác kinh tế xuyên Thái Bình Dương
2		國債・公債	국채	Trái phiếu chính phủ
3		醫療費用	의료비	Chi phí Y tế
4		解雇	해고	Sa thải
5		差別・差距	격차	Khác biệt
6		股價	주가	Giá cổ phần niêm yết
7		股價上升	주가상승	Giá cổ phiếu tăng
8		關稅	관세	Thuế quan
9		取消關稅	관세철폐	Loại bỏ thuế quan
10		創業	기업 (창업)	Khởi Nghiệp
11		技術開發	기술개발	Phát triển kỹ thuật
12		金融	금융	Tài Chính
13		利息	금리	Lãi suất
14		經濟效果	경제효과	Hiệu quả kinh tế
15		經濟政策	경제정책	Chính sách kinh tế

経済（けいざい）　「時間（じかん）があれば」レベル

	✔	日本語	英語	中国語（簡体字）
16		経済成長（けいざいせいちょう）	economic growth	经济成长
17		減税（げんぜい）	tax reduction	减税，税款减免
18		雇用（こよう）	employment	雇用
19		財政（ざいせい）	finance	财政
20		終身雇用（しゅうしんこよう）	lifetime employment	终身雇用
21		出生率（しゅっしょうりつ）	birthrate	出生率
22		少子高齢化（しょうしこうれいか）	declining birthrate and aging population	人口减少及老龄化
23		女性の就労（じょせいのしゅうろう）	employment of women	女性就业
24		所得（しょとく）	income	收入，所得
25		政策（せいさく）	policy	政策
26		成長率（せいちょうりつ）	growth rate	成长率
27		石油価格（せきゆかかく）	oil price	石油价格
28		増税（ぞうぜい）	tax increase	增税
29		多国籍企業（たこくせききぎょう）	multinational company	跨国公司，跨国企业
30		貯蓄（ちょちく）	savings	储蓄
31		賃金格差（ちんぎんかくさ）	wage disparity	工资差别，薪资差异
32		定年退職（ていねんたいしょく）	compulsory retirement	退休
33		統計学（とうけいがく）	statistics	统计学
34		倒産（とうさん）	bankruptcy	倒闭，破产
35		投資（とうし）	investment	投资
36		年功序列（ねんこうじょれつ）	seniority	工龄排序制度
37		非正規社員（ひせいきしゃいん）	non-regular employee	非正式员工
38		貧困（ひんこん）	poverty	贫困
39		不動産（ふどうさん）	real estate	房地产
40		不良債権（ふりょうさいけん）	bad debts	不良债权，呆账
41		貿易自由化（ぼうえきじゆうか）	trade liberalization	贸易自由化
42		保護貿易（ほごぼうえき）	protection trade	贸易保护
43		マクロ経済（けいざい）	macro economy	宏观经济
44		ミクロ経済（けいざい）	micro economy	微观经济

	✔	中国語(繁体字)	韓国語	ベトナム語
16		經濟成長	경제성장	Kinh tế phát triển
17		減稅・稅款減免	감세	Giảm Thuế
18		雇用	고용	Tuyển dụng
19		財政	재정	Tài Chính
20		終身雇用	종신고용	Tuyển dụng suốt đời
21		出生率	출생율	Tỉ lệ sinh
22		人口減少及老齡化	소자고령화(저출산고령화)	Dân số già
23		女性就業	여성의 취업	Lao động Nữ
24		收入・所得	소득	Thu nhập
25		政策	정책	Chính sách
26		成長率	성장율	Tỉ lệ tăng trưởng
27		石油價格	석유가격	Giá Dầu
28		增稅	증세	Tăng Thuế
29		跨國公司・跨國企業	다국적기업	Các Công ty đa Quốc gia
30		儲蓄	저축	Tiết kiệm
31		工資差別・薪資差異	자금격차	Khoảng cách Tiền Lương
32		退休	정년퇴직	Nghỉ Hưu
33		統計學	통계학	Môn Thống Kê
34		倒閉・破產	도산	Sự Phá Sản
35		投資	투자	Đầu tư
36		工齡排序制度	연공서열	Chế độ hưởng theo thâm niên
37		非正式員工	비정규사원	Lao động không chính thức
38		貧困	빈곤	Nghèo nàn
39		房地產	부동산	Bất động Sản
40		不良債權・呆帳	불량채권	Nợ khó đòi
41		貿易自由化	무역자유화	Tự Do hóa thương mại
42		貿易保護	보호무역	Bảo vệ thương mại
43		宏觀經濟	마크로 경제	Kinh Tế Vĩ Mô
44		微觀經濟	미크로 경제	Kinh Tế Vi Mô

国際関係 ‐ 「これだけはぜひ」レベル

	✔	日本語	英語	中国語（簡体字）
1		EU（欧州連合）	EU (European Union)	欧盟
2		NGO（非政府組織）	NGO (Non-governmental Organization)	国际民间组织．非政府组织
3		NPO（非営利団体）	NPO (Non-profit Organization)	非营利机构
4		異文化コミュニケーション	cross-cultural communication	跨文化交流
5		移民	immigrant	移民
6		援助	assistance	援助
7		外交	diplomacy	外交
8		開発	development	开发
9		グローバル化	globalization	国际化
10		言語	language	语言
11		国際関係	international relations	国际关系
12		国際協力	international cooperation	国际合作
13		国際経済	international economy	国际经济
14		国際ジャーナリズム	international journalism	国际新闻媒体
15		国際社会	international community	国际社会
16		国際政治	international politics	国际政治
17		国際文化	international culture	国际文化
18		国際貿易	international trade	国际贸易
19		国際問題	international affairs	国际问题
20		国際連合	United Nations	联合国
21		宗教	religion	宗教
22		人種	race	人种
23		政治	politics	政治
24		政府	government	政府
25		先進国	developed country	发达国家
26		多様化	diversification	多元化．多样化
27		地域	region	地区
28		中東	Middle East	中东
29		テロ（テロリズム）	terrorism	恐怖主义
30		東南アジア	Southeast Asia	东南亚

	✔	中国語(繁体字)	韓国語	ベトナム語
1		歐盟	EU	Liên minh châu Âu
2		國際民間組織・非政府組織	NGO	Tổ chức phi chính phủ
3		非營利機構	NPO	Tổ chức phi lợi nhuận
4		跨文化交流	이문화 커뮤니케션	Giao thoa văn hóa
5		移民	이민	Di dân
6		援助	원조	Hỗ trợ
7		外交	외교	Ngoại giao
8		開發	개발	Phát triển
9		國際化	글로벌화	Toàn cầu hóa
10		語言	언어	Ngôn ngữ
11		國際關係	국제관계	Quan hệ quốc tế
12		國際合作	국제협력	Hợp tác quốc tế
13		國際經濟	국제경제	Kinh tế quốc tế
14		國際新聞媒體	국제저너리즘	Báo chí quốc tế
15		國際社會	국제사회	Cộng đồng quốc tế
16		國際政治	국제정치	Chính trị quốc tế
17		國際文化	국제문화	Văn hóa Quốc tế
18		國際貿易	국제무역	Thương mại quốc tế
19		國際問題	국제문제	Vấn đề quốc tế
20		聯合國	국제연합	Liên Hợp Quốc
21		宗教	종교	Tôn giáo
22		人種	인종	Chủng tộc
23		政治	정치	Chính trị
24		政府	정부	Chính phủ
25		已開發國家	선진국	Các quốc gia tiên tiến
26		多元化・多樣化	다양화	Đa dạng hóa
27		地區	지역	Vùng, Khu vực
28		中東	중동	Trung Đông
29		恐怖主義	테러	Khủng bố
30		東南亞	동남아시아	Đông Nam Á

第5章 分野別用語集

国際関係（こくさいかんけい）「これだけはぜひ」レベル

	✔	日本語	英語	中国語（簡体字）
31		難民（なんみん）	refugees	难民
32		発展途上国（はってんとじょうこく）	developing country	发展中国家
33		文化交流（ぶんかこうりゅう）	cultural exchange	文化交流
34		貿易（ぼうえき）	trade	贸易
35		輸出（ゆしゅつ）	export	出口
36		輸入（ゆにゅう）	import	进口
37		ヨーロッパ	Europe	欧洲

国際関係（こくさいかんけい）「時間（じかん）があれば」レベル

	✔	日本語	英語	中国語（簡体字）
1		軍縮（ぐんしゅく）	disarmament	裁军
2		安全保障（あんぜんほしょう）	security guarantee	安全保障
3		価値観（かちかん）	values	价值观
4		共存（きょうぞん）	coexistence	共存
5		経済摩擦（けいざいまさつ）	economic friction	经济摩擦
6		国際感覚（こくさいかんかく）	international awareness	国际感性
7		国際機関（こくさいきかん）	international organization	国际组织
8		国際金融（こくさいきんゆう）	international finance	国际金融
9		国際情報（こくさいじょうほう）	international information	国际情报
10		国際法（こくさいほう）	international law	国际法
11		地域紛争（ちいきふんそう）	regional conflict	地区纠纷
12		投資（とうし）	investment	投资
13		貧富の差（ひんぷのさ）	gap between rich and poor	贫富差距
14		文化人類学（ぶんかじんるいがく）	cultural anthropology	文化人类学
15		貿易自由化（ぼうえきじゆうか）	trade liberalization	贸易自由化

	✔	中国語(繁体字)	韓国語	ベトナム語
31		難民	난민	Người tị nạn
32		發展中國家	발전도상국(개발도상국)	Các nước đang phát triển
33		文化交流	문화교류	Giao lưu Văn Hóa
34		貿易	무역	Ngoại Thương
35		出口	수출	Xuất khẩu
36		進口	수입	Nhập khẩu
37		歐洲	유럽	Châu Âu

第5章 分野別用語集

	✔	中国語(繁体字)	韓国語	ベトナム語
1		裁軍	군축	Giải trừ quân bị
2		安全保障	안전보장	Bảo vệ An ninh
3		價值觀	가치관	Các suy nghĩ về giá trị
4		共存	공존	Cùng tồn tại
5		經濟摩擦	경제마찰	Ma sát kinh tế
6		國際感性	국제감각	Cảm giác quốc tế
7		國際組織	국제기관	Tổ chức quốc tế
8		國際金融	국제금융	Tài chính quốc tế
9		國際情報	국제정보	Thông tin Quốc tế
10		國際法	국제법	Luật pháp quốc tế
11		地區糾紛	지역분쟁	Xung đột khu vực
12		投資	투자	Đầu tư
13		貧富差距	빈부의 차	Chênh lệch giàu nghèo
14		文化人類學	문화인류학	Văn hóa nhân loại
15		貿易自由化	무역자유화	Tự Do hóa thương mại

産業社会（さんぎょうしゃかい） 「これだけはぜひ」レベル

	✔	日本語	英語	中国語(簡体字)
1		エネルギー	energy	能源
2		観光（かんこう）	tourism	观光
3		企業（きぎょう）	company	企业
4		漁業（ぎょぎょう）	fishery	渔业
5		工業（こうぎょう）	industry	工业
6		サービス業（ぎょう）	service industry	服务业
7		産業（さんぎょう）	industry	产业
8		自動車産業（じどうしゃさんぎょう）	the automobile industry	汽车制造业
9		森林（しんりん）	forest	森林
10		生産（せいさん）	production	生产
11		第一次産業（だいいちじさんぎょう）	primary industry	第一产业
12		第二次産業（だいにじさんぎょう）	secondary industry	第二产业
13		第三次産業（だいさんじさんぎょう）	tertiary industry	第三产业
14		農業（のうぎょう）	agriculture	农业
15		貿易（ぼうえき）	trade	贸易
16		リサイクル	recycling	回收利用，再生
17		林業（りんぎょう）	forestry	林业

「悪戦苦闘（あくせんくとう）」することもあると思（おも）います。
でも、後（あと）できっといい思（おも）い出（で）になりますよ。

	✔	中国語(繁体字)	韓国語	ベトナム語
1		能源	에너지	Năng lượng
2		觀光	관광	Du lịch
3		企業	기업	Công ty
4		漁業	어업	Ngư Nghiệp
5		工業	공업	Công nghiệp
6		服務業	서비스업	Ngành Dịch vụ
7		產業	산업	Công nghiệp
8		汽車製造業	자동차산업	Công nghiệp ô tô
9		森林	삼림	Rừng
10		生產	생산	Sản Xuất
11		第一產業	제1차산업	Ngành Công nhghiệp hàng đầu
12		第二產業	제2차선업	Ngành Công nghiệp thứ 2
13		第三產業	제3차산업	Ngành Công nghiệp thứ 3
14		農業	농업	Nông nghiệp
15		貿易	무역	Ngoại thương
16		回收利用・再生	리싸이클	Tái chế
17		林業	임업	Lâm nghiệp

第5章 分野別用語集

「備えあれば憂いなし」といいます。
準備がしっかりしてあれば、心配はいりません。

産業社会 「時間があれば」レベル

	✔	日本語	英語	中国語(簡体字)
1		火力発電	thermal power generation	火力发电
2		環境	environment	环境
3		観光立国	tourism-oriented country	观光立国
4		原子力発電	nuclear power generation	原子能发电
5		再生可能エネルギー	renewable energy	再生能源
6		食料自給率	food self-sufficiency rate	粮食自给率
7		人工知能（AI）	artificial intelligence (AI)	人工智能
8		水力発電	hydro power generation	水力发电
9		地域の活性化	revitalization of the region	刺激地区活力
10		地球温暖化	global warming	地球暖化
11		知的財産権	intellectual property right	智慧财产权．知识产权
12		著作権	copyright	著作权
13		電気自動車	electronic car	电动汽车
14		ハイブリッド車	hybrid vehicle	混合驱动汽车
15		風力発電	wind-power generation	风力发电
16		まちおこし	revitalization of the town	地区振兴
17		養殖	aquaculture	养殖

「油断大敵」です。面接にはよく準備していきましょう。

	✔	中国語(繁体字)	韓国語	ベトナム語
1		火力發電	화력발전	Nhiệt điện
2		環境	환경	Môi trường
3		觀光立國	관광입국	Du lịch Quốc nội
4		原子能發電	원자력발전	Điện hạt nhân
5		再生能源	재생가능에너지	Năng lượng tái tạo
6		糧食自給率	식량자급율	Tỷ lệ tự túc lương thực
7		人工智能	인공지능	Trí tuệ nhân tạo
8		水力發電	수력발전	Thủy Điện
9		刺激地區活力	지역 활성화	Năng động của các vùng
10		地球暖化	지구온난화	Nóng lên toàn cầu
11		智慧財產權・知識產權	지적재산권	Quyền sở hữu trí tuệ
12		著作權	저작권	Bản Quyền
13		電動汽車	전기자동차	Xe đạp điện
14		混合驅動汽車	하이브리트차	Xe chạy điện và xăng tiết kiệm nhiên liệu
15		風力發電	풍력발전	Điện gió
16		地區振興	마씨오꼬시(거리/지역/마을살리기)	Hưng thịnh của phố
17		養殖	양식	Nuôi trồng thủy sản

第5章 分野別用語集

「冬来たりなば春遠からじ」です。
辛いことがあっても必ずいいことが
あります。
明けない夜はないのです。

社会 「これだけはぜひ」レベル

	✔	日本語	英語	中国語（簡体字）
1		NGO／NPO	NGO / NPO	非政府组织/非营利机构
2		いじめ	bullying	欺负，虐待
3		ジェンダー	gender	性別
4		イスラム教	Islam	伊斯兰教
5		インターネット	the Internet	因特网
6		学校教育	school education	学校教育
7		環境問題	environmental problems	环境问题
8		企業	company	企业
9		キリスト教	Christianity	基督教
10		グローバル化	globalization	国际化
11		経済学	economics	经济学
12		高齢化社会	aging society	高龄化社会
13		国際社会	international society	国际社会
14		ごみ問題	garbage problem	垃圾问题
15		産業	industry	产业
16		社会問題	social problems	社会问题
17		宗教	religion	宗教
18		少子化	falling birthrate	少子化
19		神道	Shinto	神道
20		政治学	political science	政治学
21		地域社会	local society	地区社会
22		難民	refugees	难民
23		人間関係	human relations	人际关系
24		パワーハラスメント	power harassment	职权骚扰
25		表現の自由	freedom of expression	言论自由
26		仏教	Buddhism	佛教
27		放送	broadcast	播送
28		マスコミ	the mass media	大众传媒
29		メディア	media	媒体

	✔	中国語(繁体字)	韓国語	ベトナム語
1		非政府組織 / 非營利機構	NGO／NPO	Tổ chức phi chính phủ / Tổ chức phi lợi nhuận
2		欺負・虐待	이지메(따돌림)	Bắt nạt, chòng ghẹo
3		性別	젠더	Phân biệt giới tính
4		伊斯蘭教	이슬람교	Hồi giáo
5		網路	인터넷	Internet
6		學校教育	학교교육	Giáo dục trong trường học
7		環境問題	환경문제	Vấn đề môi trường
8		企業	기업	Công ty
9		基督教	기독교	Thiên chúa giáo
10		國際化	글로벌화	Toàn cầu hóa
11		經濟學	경제학	Kinh tế học
12		高齡化社會	고령화사회	Xã hội lão hóa
13		國際社會	국제사회	Cộng đồng quốc tế
14		垃圾問題	쓰레기문제	Vấn đề rác thải
15		產業	산업	Công nghiệp
16		社會問題	사회문제	Vấn đề xã hội
17		宗教	종교	Tôn giáo
18		少子化	저출산화	Dân số già
19		神道	신도	Thần đạo
20		政治學	정치학	Chính Trị học
21		地區社會	지역사회	Cộng đồng
22		難民	난민	Người tị nạn
23		人際關係	인간관계	Quan hệ con người
24		職權騷擾	파워하라스멘트	Cấp trên quấy rối cấp dưới
25		言論自由	표현의 자유	Tự do ngôn luận
26		佛教	불교	Đạo phật
27		播送	방송	Phát sóng
28		大眾傳媒	매스컴	Phương tiện truyền thông đại chúng
29		媒體	메디아	Truyền thông

社会 「時間があれば」レベル

	✔	日本語	英語	中国語（簡体字）
1		移民	immigrant	移民
2		医療費	medical bills	医疗费
3		汚染	pollution	污染
4		介護	care	护理
5		格差社会	unequal society	社会不平等
6		経済格差	economic disparity	经济差距
7		原子力発電所	nuclear power plant	核发电站
8		公共事業	public works	公共事业
9		雇用	employment	雇用
10		死刑	death sentence	死刑
11		失業	unemployment	失业
12		児童虐待	child abuse	虐待儿童
13		社会福祉	social welfare	社会福利
14		社会保障	social security	社会保障
15		生涯学習	lifelong learning	终生学习
16		情報格差	information gap	信息差距
17		情報化社会	information society	信息化社会
18		情報社会	information society	信息社会
19		食料自給率	food self-sufficiency rate	粮食自给率
20		女性の社会進出	women's social advancement	女性参加工作
21		人工知能（AI）	artificial intelligence (AI)	人工智能
22		生活保護	public livelihood assistance	生活救济
23		治安	security	治安
24		地域開発	regional development	地区开发
25		通信	communication	通信
26		統計学	statistics	统计学
27		年金	pension	养老金
28		犯罪	crime	犯罪
29		貧困	poverty	贫困
30		ブラック企業	sweatshop / exploitative enterprise	黑心企业，血汗工厂

	✔	中国語(繁体字)	韓国語	ベトナム語
1		移民	이민	Di dân
2		醫療費	의료비	Chi phí y tế
3		汙染	오염	Ô nhiễm
4		護理	수발	Điều dưỡng
5		社會不平等	격차사회	Chênh lệch xã hội
6		經濟差距	경제격차	Chênh lệch kinh tế
7		核電廠	원자력발전소	Nhà máy điện hạt nhân
8		公眾事業	공공사업	Công trình công cộng
9		雇用	고용	Tuyển dụng
10		死刑	사형	Án tử hình
11		失業	실업	Thất nghiệp
12		虐待兒童	아동학대	Ngược đãi trẻ nhỏ
13		社會福利	사회복지	Phúc lợi xã hội
14		社會保障	사회보장	An sinh xã hội
15		終生學習	생애학습	Học tập suốt đời
16		信息差距	정보격차	Chênh lệch thông tin
17		信息化社會	정보화사회	Thông tin theo định hướng xã hội
18		信息社會	정보사회	Xã hội Thông tin
19		糧食自給率	식료자급율	Tỷ lệ tự túc lương thực
20		女性參加工作	여성의 사회진출	Phụ nữ làm việc ngoài xã hội
21		人工智能	인공지능（AI）	Trí tuệ nhân tạo
22		生化救濟	생활보호	Hỗ trợ cuộc sống
23		治安	치안	An ninh
24		地區開發	지역개발	Phát triển khu vực
25		通信	통신	Thông tin
26		統計學	통계학	Môn Thống kê
27		養老金	연금	Lương hưu
28		犯罪	범죄	Phạm tội
29		貧困	빈곤	Nghèo nàn
30		黑心企業・血汗工廠	블랙기업	Công ty đen

社会 「時間があれば」レベル

	✔	日本語	英語	中国語（簡体字）
31		フリーター	job-hopper	自由职业者
32		報道	news	报道
33		訪日外国人	foreign visitors to Japan	访日外国游客
34		まちおこし	town renewal	地区振兴
35		労使関係	industrial relations	劳资关系

「笑う門には福来たる」です。
笑って、面接に向かってください。

	✔	中国語(繁体字)	韓国語	ベトナム語
31		自由職業者	후리타 (프리아르바이터)	Người làm việc bán thời gian
32		報導	보도	Tin tức, Thời sự
33		訪日外國遊客	방일외국인	Du khách nước ngoài thăm Nhật Bản
34		地區振興	마찌오꼬시(거리/지역/마을살리기)	Hưng thịnh của khu vực
35		勞資關係	노사관계	Quan hệ chủ và người lao động

文学 「これだけはぜひ」レベル

	✔	日本語	英語	中国語（簡体字）
1		イスラム教	Islam	伊斯兰教
2		英米文学	English literature	英美文学
3		カウンセリング	counseling	辅导，咨询
4		キリスト教	Christianity	基督教
5		言語	language	语言
6		言語学	linguistics	语言学
7		国文学	Japanese literature	日本文学
8		心理学	psychology	心理学
9		西洋史	western history	西方史
10		西洋文学	western literature	西方文学
11		中国文学	Chinese literature	中国文学
12		地理学	geography	地理学
13		通訳	interpretation	口译
14		哲学	philosophy	哲学
15		ドイツ文学	German literature	德国文学
16		東洋史	Oriental history	东方史
17		東洋文学	Oriental literature	东方文化
18		日本文学	Japanese literature	日本文学
19		美術史	art history	美术史
20		仏教	Buddhism	佛教
21		フランス文学	French literature	法国文学
22		文化史	cultural history	文化史
23		翻訳	translation	翻译
24		民族学	ethnology	民族学
25		歴史	history	历史
26		ロシア文学	Russian literature	俄国文学

	✔	中国語(繁体字)	韓国語	ベトナム語
1		伊斯蘭教	이슬람교	Hồi giáo
2		英美文學	영미문학	Văn học Anh và Mỹ
3		輔導・諮詢	카운셀링	Tư vấn
4		基督教	기독교	Thiên chúa giáo
5		語言	언어	Ngôn ngữ
6		語言學	언어학	Ngôn ngữ học
7		日本文學	국문학	Văn học Nhật Bản
8		心理學	심리학	Tâm lý học
9		西方史	서양사	Lịch sử Phương Tây
10		西方文學	서양문학	Văn học Phương Tây
11		中國文學	중국문학	Văn học Trung Quốc
12		地理學	지리학	Địa lý
13		口譯	통역	Phiên dịch
14		哲學	철학	Triết học
15		德國文學	독일문학	Văn học Đức
16		東方史	동양사	Lịch sử Phương Đông
17		東方文化	동양문학	Văn học Phương Đông
18		日本文學	일본문학	Văn học Nhật Bản
19		美術史	미술사	Lịch sử Mỹ thuật
20		佛教	불교	Phật giáo
21		法國文學	프랑스문학(불문학)	Văn học Pháp
22		文化史	문학사	Lịch sử Văn hóa
23		翻譯	번역	Biên dịch
24		民族學	민족학	Dân tộc học
25		歷史	역사	Lịch sử
26		俄國文學	러시아문학	Văn học Nga

第5章 分野別用語集

文学　「時間があれば」レベル

	✔	日本語	英語	中国語(簡体字)
1		映画学	film studies	电影学
2		演劇学	theater science	戏剧学
3		近世	the early modern period	近代
4		近代史	modern history	近代史
5		芸能	performing arts	群众性娱乐
6		現代史	modern history	现代史
7		古代	ancient times	古代
8		思想	thought	思考．想法
9		思想史	history of thought	思想史
10		宗教	religion	宗教
11		宗教学	religious studies	宗教学
12		中世	the Middle Ages	中世纪
13		哲学史	history of philosophy	哲学史
14		臨床心理学	clinical psychology	临床心理学
15		論理学	study of logic	逻辑学

「好きこそ物の上手なれ」です。
好きな人には勝てません。
みなさんも好きなことを見つけて勉強してください。

	✔	中国語(繁体字)	韓国語	ベトナム語
1		電影學	영화학	Nghiên cứu điện ảnh
2		戲劇學	연극학	Nghiên cứu sân khấu
3		近代	근세	Cận đại
4		近代史	근대사	Lịch sử cận đại
5		群眾性娛樂	예능	Nghệ thuật biểu diễn
6		現代史	현대사	Lịch sử hiện đại
7		古代	고대	Cổ đại
8		思考・想法	사상	Tư tưởng
9		思想史	사상사	Lịch Sử Tư tưởng
10		宗教	종교	Tôn giáo
11		宗教學	종교학	Tôn giáo học
12		中世紀	중세	Trung cổ
13		哲學史	철학사	Lịch sử Triết học
14		臨床心理學	임상심리학	Tâm lý lâm sàng
15		邏輯學	논리학	Logic học

法学（ほうがく） 「これだけはぜひ」 レベル

	✔	日本語	英語	中国語(簡体字)
1		逮捕（たいほ）	arrest	逮捕
2		条約（じょうやく）	treaty	条约
3		違反（いはん）	violation	违反
4		企業（きぎょう）	company	企业
5		基本的人権（きほんてきじんけん）	fundamental human rights	基本人权
6		義務（ぎむ）	obligation	义务
7		憲法（けんぽう）	constitution	宪法
8		権利（けんり）	right	权利
9		国際法（こくさいほう）	international law	国际法
10		個人情報（こじんじょうほう）	personal information	个人资料
11		国会（こっかい）	the Diet	国会
12		裁判（さいばん）	trial	裁判
13		裁判所（さいばんしょ）	court	法院
14		自由（じゆう）	freedom	自由
15		人権（じんけん）	human rights	人权
16		政治学（せいじがく）	political science	政治学
17		政府（せいふ）	government	政府
18		内閣（ないかく）	cabinet	内阁
19		表現の自由（ひょうげんのじゆう）	freedom of expression	言论自由
20		プライバシー	privacy	隐私
21		平和（へいわ）	peace	和平
22		法学（ほうがく）	law	法学
23		法律学（ほうりつがく）	legal studies	法律学
24		民主主義（みんしゅしゅぎ）	democracy	民主主义

	✔	中国語(繁体字)	韓国語	ベトナム語
1		逮捕	체포	Bắt giữ
2		條約	조약	Hiệp Ước
3		違反	위반	Vi phạm
4		企業	기업	Công ty
5		基本人權	기본적인권	Quyền con người cơ bản
6		義務	의무	Nghĩa vụ
7		憲法	헌법	Hiến Pháp
8		權利	권리	Quyền lợi
9		國際法	국제법	Luật pháp Quốc tế
10		個人資料	개인정보	Thông tin cá nhân
11		國會	국회	Quốc hội
12		裁判	재판	Phán quyết
13		法院	재판소	Tòa án
14		自由	자유	Tự do
15		人權	인권	Nhân Quyền
16		政治學	정치학	Chính trị học
17		政府	정부	Chính phủ
18		內閣	내각	Nội các
19		言論自由	표현의 자유	Tự Do ngôn luận
20		隱私	프라이버시	Quyền riêng tư
21		和平	평화	Hòa bình
22		法學	법학	Môn luật
23		法律學	법률학	Môn pháp luật
24		民主主義	민주주의	Chủ nghĩa dân chủ

第5章 分野別用語集

法学　「時間があれば」レベル

	✔	日本語	英語	中国語（簡体字）
1		安全保障	security guarantee	安全保障
2		冤罪	false charges	冤罪
3		改憲	revision of the Constitution	修改宪法
4		行政	administration	行政
5		行政法	administrative law	行政学
6		刑事法	criminal law	刑事法
7		刑罰	punishment	刑罚
8		刑法	criminal law	刑法
9		刑務所	prison	监狱
10		契約	agreement, contract	合同
11		検察官	public prosecutor	检察官
12		憲法第9条（戦争放棄）	Article 9 of the Constitution (renunciation of war)	宪法第9条（放弃战争）
13		最高裁判所	the Supreme Court	最高法院
14		裁判員制度	lay judge system	裁判员制度
15		三権分立	separation of the powers	三权分立
16		自衛権	right to self-defense	自卫权
17		死刑	death sentence	死刑
18		死刑制度	capital punishment	死刑制度
19		死刑廃止	the abolition of the death penalty	废除死刑制度
20		司法	the judiciary	司法
21		司法試験	bar examination	司法考试
22		証言	testimony	证词
23		証拠	evidence	证据
24		商法	commercial law	商法
25		信教の自由	religious freedom	信仰自由
26		生存権	survival right	生存权
27		選挙権	voting rights	选举权
28		戦争の放棄	renunciation of war	放弃战争
29		訴訟	lawsuit	官司
30		知的財産法	Intellectual Property Law	知识产权法

	✔	中国語(繁体字)	韓国語	ベトナム語
1		安全保障	안전보장	Bảo vệ an toàn
2		冤罪	무고죄	Cáo buộc sai
3		修改憲法	개헌	Thay đổi Hiến Pháp
4		行政	행정	Hành chính
5		行政學	행정법	Luật hành chính
6		刑事法	형사법	Luật hình sự
7		刑罰	형벌	Trừng trị
8		刑法	형법	Hình pháp
9		監獄	형무소	Nhà tù
10		合同	계약	Hợp đồng
11		檢察官	검사관	Công tố viên
12		憲法第9條(放棄戰爭)	헌법제9조（전쟁포기）	Hiến Pháp Điều 9 (bãi bỏ chiến tranh)
13		最高法院	최고재판소	Tòa án Tối cao
14		裁判員制度	재판원제도	Hội đồng thẩm phán
15		三權分立	삼권분립	Tách chi nhánh của chính phủ
16		自衛權	자위권	Quyền tự vệ
17		死刑	사형	Tử hình
18		死刑制度	사형제도	Án tử hình
19		廢除死刑制度	사형폐지	Bãi bỏ án tử hình
20		司法	사법	Tư Pháp
21		司法考試	사법시험	Thi Tư pháp
22		證詞	증언	Làm chứng
23		證據	증거	Bằng chứng
24		商法	상법	Luật thương mại
25		信仰自由	신앙의 자유	Tự do tín giáo
26		生存權	생존권	Quyền Sống (Tồn Tại)
27		選舉權	선거권	Quyền bầu cử
28		放棄戰爭	전쟁포기	Loại bỏ chiến tranh
29		官司	소송	Kiện tụng
30		知識產權法	지적재산법	Luật tài sản tri thức

法学（ほうがく） 「時間(じかん)があれば」 レベル

	✔	日本語	英語	中国語(簡体字)
31		著作権(ちょさくけん)	copyright	著作权
32		取引(とりひき)	transaction	交易
33		日本国憲法(にっぽんこくけんぽう)	The Constitution of Japan	日本宪法
34		罰金(ばっきん)	fine	罚款
35		判決(はんけつ)	judgment	判决
36		弁護士(べんごし)	lawyer	律师
37		民法(みんぽう)	civil law	民法
38		無罪(むざい)	innocence	无罪
39		有罪(ゆうざい)	guilty	有罪
40		立法(りっぽう)	legislation	立法

「井(い)の中(なか)の蛙(かわず)大海(たいかい)を知(し)らず」です。
みなさんも大(おお)きな海(うみ)に出(で)てください。

	✔	中国語（繁体字）	韓国語	ベトナム語
31		著作權	저작권	Bản quyền
32		交易	거래	Giao dịch
33		日本憲法	일본국헌법	Hiến Pháp Nhật Bản
34		罰款	벌금	Phạt Tiền
35		判決	판결	Phán quyết
36		律師	변호사	Luật sư
37		民法	민법	Luật dân sự
38		無罪	무죄	Vô tội
39		有罪	유죄	Có tội
40		立法	입법	Lập pháp

「鉄は熱いうちに打て」です。
若いうちに、たくさんのことを身につけてください。

医学 「これだけはぜひ」 レベル

	✔	日本語	英語	中国語（簡体字）
1		MRI	MRI	核磁共振造影
2		アレルギー	allergies	过敏反应
3		胃	stomach	胃
4		医学	medical science	医学
5		医療	medical treatment	医疗
6		癌	cancer	癌症
7		眼科	ophthalmology	眼科
8		患者	patient	患者
9		感染	infection	感染
10		肝臓	liver	肝脏
11		救急	emergency	急救
12		外科	surgery	外科
13		血液	blood	血液
14		検査	inspection	检查
15		高血圧	high blood pressure	高血压
16		呼吸	breathing	呼吸
17		コレステロール	cholesterol	胆固醇
18		歯科	dentistry	牙科
19		手術	surgery	手术
20		消化器	digestive organ	消化器官
21		小腸	small intestine	小肠
22		小児科	pediatrics	小儿科
23		食道	esophagus	食道
24		神経	nerve	神经
25		心臓	heart	心脏
26		診断	diagnosis	诊断
27		心理学	psychology	心理学
28		心療内科	psychosomatic medicine	心理治疗内科
29		生活習慣病	lifestyle diseases	生活习惯病．文明病
30		精神科	clinical psychiatry	精神科

	✔	中国語(繁体字)	韓国語	ベトナム語
1		核磁共振造影	MRI	Chụp cộng hưởng Từ
2		過敏反應	알레르기	Dị Ứng
3		胃	위	Dạ dày
4		醫學	의학	Y học
5		醫療	의료	Y tế
6		癌症	암	Ung thư
7		眼科	안과	Khoa mắt
8		患者	환자	Người bệnh
9		感染	감염	Truyền nhiễm
10		肝臟	간장	Gan
11		急救	구급	Cấp cứu
12		外科	외과	Khoa ngoại
13		血液	혈액	Nhóm máu
14		檢查	검사	Kiểm tra
15		高血壓	고혈압	Cao huyết áp
16		呼吸	호흡	Hô hấp
17		膽固醇	콜레스테롤	Cholesterol, Hợp chất hữu cơ
18		牙科	치과	Nha khoa
19		手術	수술	Phẫu thuật
20		消化器官	소화기	Tiêu hóa
21		小腸	소장	Ruột non
22		小兒科	소아과	Khoa nhi
23		食道	식도	Cuống họng
24		神經	신경	Thần kinh
25		心臟	심장	Tim
26		診斷	진단	Chuẩn đoán
27		心理學	심리학	Tâm lý học
28		心理治療內科	심료내과	Nội khoa Tâm thần
29		生活習慣病・文明病	생활습관병	Bệnh liên quan đến lối sống
30		精神科	정신과	Tâm Linh học

第5章 分野別用語集

医学　「これだけはぜひ」レベル

	✔	日本語	英語	中国語（簡体字）
31		大腸（だいちょう）	large intestine	大肠
32		地域医療（ちいきいりょう）	regional medical care	区域医疗
33		腸（ちょう）	intestine	肠
34		治療（ちりょう）	treatment	治疗
35		低血圧（ていけつあつ）	low blood pressure	低血压
36		内科（ないか）	internal medicine	内科
37		脳（のう）	brain	脑
38		肺（はい）	lung	肺
39		発達障害（はったつしょうがい）	developmental disorders	发育障碍
40		皮膚（ひふ）	skin	皮肤
41		皮膚科（ひふか）	dermatology	皮肤科
42		メンタルヘルス	mental health	心理健康
43		薬学（やくがく）	pharmaceutics	药学
44		輸血（ゆけつ）	transfusion	输血
45		レントゲン	x-ray	X光

医学　「時間があれば」レベル

	✔	日本語	英語	中国語（簡体字）
1		IPS細胞（さいぼう）	IPS cells	诱导性多能干细胞
2		移植（いしょく）	transplant	移植
3		遺伝子（いでんし）	gene	基因
4		ウィルス学（がく）	virology	病毒学
5		うつ病（びょう）	depression	抑郁症
6		解剖学（かいぼうがく）	anatomy	解剖学
7		血小板（けっしょうばん）	blood platelet	血小板
8		公衆衛生学（こうしゅうえいせいがく）	public health	公共卫生学
9		細菌学（さいきんがく）	bacteriology	细菌学
10		再生医療（さいせいいりょう）	regenerative medicine	再生医疗
11		産婦人科（さんふじんか）	obstetrics and gynecology	妇产科
12		耳鼻咽喉科（じびいんこうか）	otorhinolaryngology	耳鼻喉科

	✔	中国語(繁体字)	韓国語	ベトナム語
31		大腸	대장	Ruột già
32		區域醫療	지역의료	Y tế Khu vực
33		腸	장	Ruột
34		治療	치료	Trị liệu
35		低血壓	저혈압	Huyết áp thấp
36		內科	내과	Khoa nội
37		腦	뇌	Óc
38		肺	폐	Phổi
39		發育障礙	발달장애	Rối loạn phát triển
40		皮膚	피부	Da
41		皮膚科	피부과	Khoa Da liễu
42		心理健康	멘탈헬스	Sức khỏe tâm thần
43		藥學	약학	Dược học
44		輸血	수혈	Truyền máu
45		X光	렌트겐	X-quang

	✔	中国語(繁体字)	韓国語	ベトナム語
1		誘導性多能幹細胞	IPS세포	Tế bào IPS (Tế bào gốc đa năng)
2		移植	이식	Cấy ghép
3		基因	유전자	Gen di truyền
4		病毒學	윌스학	Vi rút học
5		抑鬱症	우울증	Bệnh trầm cảm
6		解剖學	해부학	Giải phẫu học
7		血小板	혈소판	Tiểu cầu
8		公共衛生學	공중위생학	Y tế cộng đồng
9		細菌學	세균학	Vi trùng học
10		再生醫療	재생의료	Y học tái tạo
11		婦產科	산부인과	Khoa phụ sản
12		耳鼻喉科	이비인후과	Khoa tai mũi họng

医学 「時間があれば」レベル

	✔	日本語	英語	中国語(簡体字)
13		十二指腸 (じゅうにしちょう)	duodenum	十二指肠
14		腫瘍 (しゅよう)	tumor	肿瘤
15		循環 (じゅんかん)	circulation	循环
16		腎臓 (じんぞう)	kidney	肾脏
17		心電図 (しんでんず)	electro-cardiogram	心电图
18		整形外科 (せいけいげか)	orthopedic surgery	整形外科
19		生理学 (せいりがく)	physiology	生理学
20		赤血球 (せっけっきゅう)	red blood corpuscle	红血球
21		糖尿病 (とうにょうびょう)	diabetes	糖尿病
22		動脈硬化 (どうみゃくこうか)	arterial sclerosis	动脉硬化
23		内視鏡 (ないしきょう)	endoscope	内窥镜
24		脳神経外科 (のうしんけいげか)	neurosurgery	脑神经外科
25		白血球 (はっけっきゅう)	white blood cell	白血球
26		泌尿器科 (ひにょうきか)	urology	泌尿科
27		肥満 (ひまん)	obesity	肥胖
28		病理学 (びょうりがく)	pathology	病理学
29		法医学 (ほういがく)	forensic medicine	法医学
30		放射線科 (ほうしゃせんか)	radiology	放射科
31		麻酔 (ますい)	anesthesia	麻醉
32		免疫学 (めんえきがく)	immunology	免疫学
33		臨床 (りんしょう)	clinical	临床
34		臨床検査 (りんしょうけんさ)	clinical examination	临床检查
35		リンパ液 (えき)	lymph fluid	淋巴液

	✔	中国語(繁体字)	韓国語	ベトナム語
13		十二指腸	십이지장	Thập nhị chỉ trường
14		腫瘤	종양	Khối u
15		循環	순환	Tuần hoàn
16		腎臟	신장	Thận
17		心電圖	심전도	Điện tâm đồ
18		整形外科	정형외과	Khoa phẫu thuật chỉnh hình
19		生理學	생리학	Sinh lý học
20		紅血球	적혈구	Tế bào máu đỏ
21		糖尿病	당뇨병	Bệnh tiểu đường
22		動脈硬化	동맥경화	Bệnh cứng động mạch
23		內窺鏡	내시경	Nội soi
24		腦神經外科	뇌신경외과	Khoa phẫu thuật thần kinh
25		白血球	백혈구	Bạch cầu
26		泌尿科	비뇨기과	Khoa tiết niệu
27		肥胖	비만	Béo phì
28		病理學	병리학	Bệnh lý học
29		法醫學	법의학	Pháp y học
30		放射科	방사선과	Bộ phận chụp X Quang
31		麻醉	마취	Gây mê
32		免疫學	면역학	Miễn dịch học
33		臨床	임상	Lâm sàng
34		臨床檢查	임상검사	Kiểm tra lâm sàng
35		淋巴液	림파액	Bạch dịch

看護・保健 「これだけはぜひ」 レベル

	✔	日本語	英語	中国語（簡体字）
1		命（いのち）	life	生命
2		医療（いりょう）	medical treatment	医疗
3		栄養（えいよう）	nutrition	营养
4		介護（かいご）	care	护理
5		回復（かいふく）	recovery	康复
6		看護師（かんごし）	nurse	看护师
7		患者（かんじゃ）	patient	患者
8		コレステロール	cholesterol	胆固醇
9		在宅看護（ざいたくかんご）	home nursing	在家护理
10		支援（しえん）	support	支援
11		実習（じっしゅう）	practical training	实习
12		障害（しょうがい）	disorder	障碍
13		診断（しんだん）	diagnosis	诊断
14		心理学（しんりがく）	psychology	心理学
15		生活習慣病（せいかつしゅうかんびょう）	lifestyle diseases	生活习惯病，文明病
16		精神科（せいしんか）	psychiatry	精神科
17		生物学（せいぶつがく）	biology	生物学
18		生命（せいめい）	life	生命
19		生命科学（せいめいかがく）	life science	生命科学
20		ダイエット	diet	减肥
21		病人（びょうにん）	sick person	病人
22		福祉（ふくし）	welfare	福祉
23		保健（ほけん）	health	保健

	✔	中国語(繁体字)	韓国語	ベトナム語
1		生命	목숨(명)	Sinh mệnh
2		醫療	의료	y tế
3		營養	영양	Dinh dưỡng
4		護理	수발(개호)	Điều dưỡng
5		康復	회복	Phục hồi
6		看護師	간호사	Y tá
7		患者	환자	Bệnh nhân
8		膽固醇	콜레스테롤	Cholesterol, Hợp chất hữu cơ
9		在家護理	재택간호	Chăm sóc tại nhà
10		支援	지원	Hỗ trợ
11		實習	실습	Thực hành
12		障礙	장애	Khuyết tật
13		診斷	진단	Chuẩn đoán
14		心理學	심리학	Tâm lý học
15		生活習慣病・文明病	생활습관병	Bệnh liên quan đến lối sống
16		精神科	정신과	Tâm thần học
17		生物學	생물학	Sinh học
18		生命	생명	Sinh mệnh
19		生命科學	생명과학	Khoa học đời sống
20		減肥	다이어트	Giảm cân
21		病人	병인(병자)	Người bệnh
22		福祉	복지	Phúc lợi
23		保健	보건	Sức khỏe

看護・保健 「時間があれば」レベル

	✔	日本語	英語	中国語（簡体字）
1		医療機器（いりょうきき）	medical equipment	医疗器械
2		介護福祉士（かいごふくしし）	care worker	护理福祉士
3		解剖学（かいぼうがく）	anatomy	解剖学
4		癌（がん）	cancer	癌症
5		感染（かんせん）	infection	感染
6		急性（きゅうせい）	acute	急性
7		高齢者看護（こうれいしゃかんご）	elderly nursing	高龄者护理
8		疾病（しっぺい）	disease	疾病
9		小児科（しょうにか）	pediatrics	小儿科
10		小児看護（しょうにかんご）	pediatric nursing	小儿护理
11		助産師（じょさんし）	birth attendant	助产士
12		人体構造（じんたいこうぞう）	human body structure	人体构造
13		先端医療（せんたんいりょう）	advanced medical treatment	尖端医疗
14		代謝（たいしゃ）	metabolism	代谢
15		肥満（ひまん）	obesity	肥胖
16		慢性（まんせい）	chronic	慢性
17		免疫学（めんえきがく）	immunology	免疫学
18		臨床心理（りんしょうしんり）	clinical psychology	临床心理

「百聞は一見に如かず」です。
ぜひ一度受験する大学を見に行ってください。

	✔	中国語(繁体字)	韓国語	ベトナム語
1		醫療器械	의료기기	Thiết bị y tế
2		護理福祉士	개호(수발)복지사	Nhân viên y tế
3		解剖學	해부학	Giải phẫu học
4		癌症	암	Ung thư
5		感染	감염	Truyền nhiễm
6		急性	급성	Cấp tính
7		高齡者護理	고령자간호	Chăm sóc người cao tuổi
8		疾病	질병	Bệnh dịch
9		小兒科	소아과	Khoa nhi
10		小兒護理	소아간호	Chăm sóc nhi đồng
11		助產士	조산사(조산부)	Nữ hộ sinh
12		人體構造	인체구조	Cấu trúc cơ thể con người
13		尖端醫療	첨단치료	Chăm sóc y tế chuyên sâu
14		代謝	대사	Trao đổi chất
15		肥胖	비만	Béo phì
16		慢性	만성	Mãn tính
17		免疫學	면역학	Miễn dịch học
18		臨床心理	임상심리	Tâm lý lâm sàng

第5章 分野別用語集

工学（機械） 「これだけはぜひ」 レベル

	✔	日本語	英語	中国語（簡体字）
1		エネルギー	energy	能源
2		エンジン	engine	引擎
3		応用数学	applied mathematics	应用数学
4		加工	processing	加工
5		環境	environment	环境
6		環境工学	environmental engineering	环境工学
7		機械	machine	机械
8		機械工学	mechanical engineering	机械工学
9		積分	differentiation	积分
10		デザイン	design	设计
11		デザイン工学	design engineering	设计工学
12		人間工学	human engineering	人类工程学
13		微分	derivation	微分
14		物理	physics	物理
15		プログラミング	programming	程序设计
16		力学	mechanics	力学
17		ロボット工学	robotics engineering	机器人工程学

「猿も木から落ちる」ということわざがあります。油断は禁物です。

	✔	中国語(繁体字)	韓国語	ベトナム語
1		能源	에너지	Năng lượng
2		引擎	엔진	Động cơ
3		應用數學	응용수학	Toán học ứng dụng
4		加工	가공	Gia công
5		環境	환경	Môi trường
6		環境工學	환경공학	Kỹ thuật môi trường
7		機械	기계	Máy móc thiết bị
8		機械工學	기계공학	Kỹ thuật cơ khí
9		積分	적분	Tích phân
10		設計	디자인	Thiết kế
11		設計工學	디자인공학	Kỹ thuật thiết kế
12		人類工程學	인간공학	Kĩ thuật về con người
13		微分	미분	Vi phân
14		物理	물리	Vật lý
15		程序設計	프로그래밍	Lập trình
16		力學	역학	Cơ học
17		機器人工程學	로보트공학	Kĩ thuật về robot

	✔	日本語	英語	中国語(簡体字)
		工学(機械) 「時間があれば」レベル		
1		化学工学	chemical engineering	化学工学
2		金属材料	metal material	金属材料
3		材料力学	material dynamics	材料力学
4		制御	control	控制
5		製作	production	制作
6		精密加工	precision machining	精密加工
7		設計	design	设计
8		線形代数	linear algebra	线性代数
9		統計	statistics	统计
10		メカトロニクス	mechatronics	机电学
11		流通力学	distribution dynamics	流通力学
12		ロボティクス	robotics	机器人技术

「臨機応変」が大切です。
面接の時に聞かれるかもしれない質問を考えておきましょう。

	✔	中国語(繁体字)	韓国語	ベトナム語
1		化學工學	화학공학	Kỹ thuật hóa học
2		金屬材料	금속재료	Vật liệu kim loại
3		材料力學	재료역학	Cơ học Vật liệu
4		控制	제어	Kiểm soát
5		制作	제작	Sản xuất
6		精密加工	정밀가공	Gia công chính xác
7		設計	설계	Thiết kế
8		線性代數	선형대수	Đại số tuyến tính
9		統計	통계	Thống kê
10		機電學	메카트로닉스	Cơ điện tử
11		流通力學	유통역학	Động lực học phân phối
12		機器人技術	로보틱스	Que robot

第5章 分野別用語集

科学技術は「日進月歩」です。
常に新しいことに関心を持ってください。

工学（情報） 「これだけはぜひ」 レベル

	✔	日本語	英語	中国語（簡体字）
1		C言語	C language	C语言
2		JAVA	JAVA	JAVA语言（一种广泛使用的电脑程式设计语言）
3		OS	OS	控制系统
4		アナログ	analog	模拟数据
5		アプリケーション	application	应用．适用
6		音声	voice	声音．音
7		コンピュータグラフィックス	computer graphics	电脑图形图像
8		情報ネットワーク	information network	信息网络
9		ソフトウェア	software	软件
10		データベース	database	数据库
11		デジタル信号	digital signal	数码信号
12		デバイス	device	特制装备
13		ハードウェア	hardware	硬件
14		微分積分	differential and integral calculus	微分积分
15		プログラミング	programming	程序设计

工学（情報） 「時間があれば」 レベル

	✔	日本語	英語	中国語（簡体字）
1		VB	VB (Visual Basic)	VB编程语言
2		音響	acoustic	音响
3		画像処理	image processing	图象处理
4		情報科学	information science	情报科学
5		情報処理	information processing	处理信息
6		人工知能	artificial intelligence	人工智能
7		線形代数	linear algebra	线性代数
8		知的財産	intellectual property	知识产权
9		電子回路	electronic circuit	电子电路

	✔	中国語(繁体字)	韓国語	ベトナム語
1		C語言	C언어	Ngôn ngữ C
2		JAVA語言（一種廣泛使用的電腦程式設計語言）	JAVA	Ngôn ngữ lập trình
3		控制系統	OS	(Operating System)Hệ điều hành
4		模擬數據	아날로그	Đầu thu kỹ thuật số
5		應用・適用	어플리케이션	Ứng dụng
6		聲音・音	음성	Tiếng nói
7		電腦圖形圖像	컴퓨터그래픽	Đồ họa máy tính
8		信息網絡	정보네트워크	Mạng thông tin
9		軟件	소프트웨어	Phần mềm
10		數據庫	데이터베이스	Cơ sở dữ liệu
11		數碼信號	디지털신호	Tín hiệu kỹ thuật số
12		特制裝備	디바이스	Thiết bị
13		硬件	하드웨어	Phần cứng
14		微分積分	미분적분	Vi phân tích phân
15		程序設計	프로그래밍	Lập trình

	✔	中国語(繁体字)	韓国語	ベトナム語
1		VB 編程語言	VB	Visual Basic, Ngôn ngữ lập trình
2		音響	음향	Âm thanh
3		圖像處理	화상처리	Xử lý ảnh
4		情報科學	정보과학	Thông tin khoa học
5		處理信息	정보처리	Xử lý dữ liệu
6		人工智能	인공지능	Trí tuệ nhân tạo
7		線性代數	선형대수	Đại số tuyến tính
8		知識產權	지적산업	Sở hữu trí tuệ
9		電子電路	전자회로	Mạch điện tử

工学（電気電子） 「これだけはぜひ」 レベル

	✔	日本語	英語	中国語(簡体字)
1		エネルギー	energy	能源
2		回路	circuit	回路．电路
3		設計	plan, layout	设计
4		センサー	sensor	传感器
5		通信	communication	通信
6		デジタル	digital	数码
7		デジタル信号	digital signal	数码信号
8		電気電子	electric and electronic	电气电子
9		微分積分	differential and integral calculus	微分积分

工学（電気電子） 「時間があれば」 レベル

	✔	日本語	英語	中国語(簡体字)
1		応用数学	applied mathematics	应用数学
2		制御	control	控制
3		製図	drawing	绘图．制图
4		線形代数	linear algebra	线性代数
5		電気磁気学	electromagnetics	电器磁力学
6		電子回路	electronic circuit	电子电路
7		半導体	semiconductor	半导体

どんな人でも「試行錯誤」をくりかえして、成功してきました。
あなたも失敗を気にせず、がんばってください。

	✔	中国語(繁体字)	韓国語	ベトナム語
1		能源	에너지	Năng lượng
2		回路・電路	회로	Mạch
3		設計	설계	Thiết kế
4		傳感器	센서	Bộ cảm biến
5		通信	통신	Thông tin
6		數碼	디지탈	Kỹ thuật số
7		數碼信號	디지탈신호	Tín hiệu Kỹ thuật số
8		電器電子	전기전자	Điện Điện tử
9		微分積分	미분적분	Vi phân tích phân

	✔	中国語(繁体字)	韓国語	ベトナム語
1		應用數學	응용수학	Toán học ứng dụng
2		控制	제어	Điều khiển
3		繪圖・制圖	제도	Bản vẽ, sơ đồ
4		線性代數	선형대수	Đại số tuyến tính
5		電器磁力學	전기자기학	Điện từ
6		電子電路	전기회로	Mạch điện tử
7		半導體	반도체	Chất bán dẫn

工学(建築・土木) 「これだけはぜひ」レベル

	✔	日本語	英語	中国語(簡体字)
1		環境(かんきょう)	environment	环境
2		建設(けんせつ)	construction, establishment	建设
3		建築空間(けんちくくうかん)	architectural space	建筑空间
4		建築士(けんちくし)	architect	建筑师
5		住宅(じゅうたく)	housing	住宅
6		設計(せっけい)	design, plan	设计
7		設備(せつび)	equipment	设备
8		鉄骨(てっこつ)	steel frame	钢筋.钢架
9		土木工学(どぼくこうがく)	civil engineering	土木工程学
10		柱(はしら)	pillar	梁柱.支柱
11		港(みなと)	port	港湾.港口.口岸
12		木造(もくぞう)	wooden	木制

工学(建築・土木) 「時間があれば」レベル

	✔	日本語	英語	中国語(簡体字)
1		企画(きかく)	project, planning	企划.计划
2		公共施設(こうきょうしせつ)	public facilities	公共设施
3		構造(こうぞう)	structure	构造
4		災害(さいがい)	disaster	灾害
5		地盤工学(じばんこうがく)	geotechnical engineering	地质工程学
6		製図(せいず)	drafting	制图.绘图
7		施行(せこう)	operation	实施
8		測量(そくりょう)	survey	测量
9		耐震(たいしん)	earthquake-resistant	耐震
10		堤防(ていぼう)	bank, embankment	堤防
11		鉄筋(てっきん)コンクリート	reinforced concrete	钢筋混凝土
12		防災(ぼうさい)	disaster prevention	防灾
13		防波堤(ぼうはてい)	breakwater	防波堤
14		補強(ほきょう)	reinforcement	加固.加强
15		力学(りきがく)	mechanics	力学

	✔	中国語(繁体字)	韓国語	ベトナム語
1		環境	환경	Môi Trường
2		建設	건설	Xây dựng
3		建築空間	건축공간	Không gian kiến trúc
4		建築師	건축사	Kiến trúc sư
5		住宅	주택	Nhà ở
6		設計	설계	Thiết kế
7		設備	설비	Thiết bị
8		鋼筋・鋼架	철골	Khung Thép
9		土木工程學	토목공학	Xây dựng dân dụng
10		梁柱・支柱	기둥	Trụ cột
11		港灣・港口・口岸	항(구)	Cảng
12		木製	목조	Gỗ

	✔	中国語(繁体字)	韓国語	ベトナム語
1		企劃・計劃	기획	Kế hoạch
2		公共設施	공공시설	Cơ sở công cộng
3		構造	구조	Kết cấu
4		災害	재해	Thảm họa
5		地質工程學	지반공학	Kỹ thuật địa chất
6		制圖・繪圖	제도	Soạn thảo
7		實施	시행	Thi công
8		測量	측량	Khảo sát
9		耐震	내진	Chống động đất
10		堤防	제방	Đê
11		鋼筋混凝土	철근콘크리트	Bê tông cốt thép
12		防災	방재(재해방지)	Chống thiên tai
13		防波堤	방파제	Đê chắn sóng
14		加固・加強	보강	Gia cố
15		力學	역학	Động lực học

農学・水産学 「これだけはぜひ」レベル

	✔	日本語	英語	中国語（簡体字）
1		遺伝子	gene	基因
2		遺伝子組み換え	genetic recombination	基因重组
3		栄養学	dietetics, nutritional science	营养学
4		海産物	marine products	海产
5		環境	environment	环境
6		漁業	fishery	渔业
7		魚類	fish	鱼类
8		クローン	clone	克隆
9		植物	plant	植物
10		水産物	marine products	水产
11		生産性	productivity	生产率．生产性
12		生命科学	life science	生命科学
13		農業	agriculture	农业
14		農作物	crops	农作物
15		農村	farming community	农村
16		バイオテクノロジー	biotechnology	生物工程

「切磋琢磨」できる友だちがいるのはとても幸せなことです。がんばってください。

	✔	中国語(繁体字)	韓国語	ベトナム語
1		基因	유전자	Gen di truyền
2		基因重組	유전자변형	Biến đổi gen
3		營養學	영양학	Dinh dưỡng học
4		海產	해산물	Hải Sản
5		環境	환경	Môi trường
6		漁業	어업	Ngành công nghiệp đánh cá (Ngư Nghiệp)
7		漁類	어류	Các loại cá
8		複製	크론	Hệ vô tính
9		植物	식물	Cây (Thực vật)
10		水產	수산물	Đồ Thủy sản
11		生產率・生產性	생산성	Năng suất
12		生命科學	생명과학	Khoa học đời sống
13		農業	농업	Nông nghiệp
14		農作物	농작물	Cây trồng
15		農村	농촌	Nông thôn
16		生物工程	바이오테크노로지	Công nghệ sinh học

農学・水産学 （のうがく・すいさんがく）　「時間（じかん）があれば」 レベル

	✔	日本語	英語	中国語（簡体字）
1		益虫（えきちゅう）	beneficial insect	益虫
2		害虫（がいちゅう）	pest	害虫
3		海洋学（かいようがく）	oceanography	海洋学
4		環境汚染（かんきょうおせん）	environmental pollution	环境污染
5		感染（かんせん）	infection	感染
6		栽培（さいばい）	cultivation	栽培
7		食品衛生（しょくひんえいせい）	food hygiene	食品卫生
8		食物連鎖（しょくもつれんさ）	food chain	食物链
9		食料自給率（しょくりょうじきゅうりつ）	food self-sufficiency rate	粮食自给率
10		水産資源（すいさんしげん）	marine resources	水产资源
11		淡水魚（たんすいぎょ）	freshwater fish	淡水鱼
12		土壌（どじょう）	soil	土壤
13		微生物（びせいぶつ）	microorganism	微生物
14		哺乳類（ほにゅうるい）	mammal	哺乳动物
15		養殖（ようしょく）	aquaculture	养殖

「塵（ちり）も積（つ）もれば山（やま）となる」です。毎日（まいにち）の小（ちい）さい努力（どりょく）が大切（たいせつ）です。がんばってください。

	✔	中国語(繁体字)	韓国語	ベトナム語
1		益蟲	익충	Côn trùng có ích
2		害蟲	해충	Côn trùng gây hại
3		海洋學	해양학	Hải dương học
4		環境汙染	환경오염	Ô nhiễm môi trường
5		感染	감염	Truyền nhiễm
6		栽培	재배	Trồng trọt
7		食品衛生	식품위생	Vệ sinh thực phẩm
8		食物鏈	식물연쇄 (먹이연쇄)	Chuỗi thức ăn
9		糧食自給率	식료자급율	Tỷ lệ tự túc lương thực
10		水產資源	수산자원	Tài nguyên biển
11		淡水漁	담수어	Cá nước ngọt
12		土壤	토양	Đất
13		微生物	미생물	Vi trùng
14		哺乳動物	포유류	Động vật có vú
15		養殖	양식	Nuôi trồng thủy sản

薬学 (やくがく) 「これだけはぜひ」レベル

	✔	日本語	英語	中国語（簡体字）
1		命 (いのち)	life	生命
2		医薬品 (いやくひん)	medicine	医药产品
3		栄養 (えいよう)	nutrition	营养
4		化学 (かがく)	chemistry	化学
5		癌 (がん)	cancer	癌症
6		患者 (かんじゃ)	patient	患者
7		血圧 (けつあつ)	blood pressure	血液
8		健康科学 (けんこうかがく)	health science	健康科学
9		健康食品 (けんこうしょくひん)	health food	健康食品
10		コレステロール	cholesterol	胆固醇
11		細胞 (さいぼう)	cell	细胞
12		実験 (じっけん)	experiment	实验
13		ストレス	stress	压力
14		生活習慣病 (せいかつしゅうかんびょう)	lifestyle-related diseases	生活习惯病．文明病
15		生物学 (せいぶつがく)	biology	生物学
16		生命 (せいめい)	life	生命
17		治療 (ちりょう)	treatment	治疗
18		病人 (びょうにん)	sick person	病人
19		副作用 (ふくさよう)	side effect	副作用
20		薬学 (やくがく)	pharmacy	药学
21		薬剤師 (やくざいし)	pharmacist	药剂师
22		予防 (よぼう)	prevention	预防

進学 (しんがく) した学校 (がっこう) で、「目 (め) から鱗 (うろこ) が落 (お) ちる」ような勉強 (べんきょう) や体験 (たいけん) がたくさんできるといいですね。

	✔	中国語(繁体字)	韓国語	ベトナム語
1		生命	목숨(명)	Sinh mệnh
2		醫藥產品	의약품	Dược phẩm
3		營養	영양	Dinh dưỡng
4		化學	화학	Hóa học
5		癌症	암	Ung thư
6		患者	환자	Bệnh nhân
7		血液	혈압	Huyết áp
8		健康科學	건강과학	Khoa học sức khỏe
9		健康食品	건강식품	Thực phẩm chức năng
10		膽固醇	콜레스테롤	Cholesterol, Hợp chất hữu cơ
11		細胞	세포	Tế bào
12		實驗	실험	Thí nghiệm
13		壓力	스트레스	Xì Trét
14		生活習慣病・文明病	생활습관병	Bệnh về lối sống
15		生物學	생물학	Sinh học
16		生命	생명	Sinh mệnh
17		治療	치료	Điều trị
18		病人	병인(병자)	Người bệnh, Bệnh nhân
19		副作用	부작용	Tác dụng phụ
20		藥學	약학	Dược học
21		藥劑師	약제사	Dược sĩ
22		預防	예방	Phòng ngừa

第5章 分野別用語集

薬学　「時間があれば」レベル

	✔	日本語	英語	中国語（簡体字）
1		医療	medical care	医疗
2		衛生	sanitation	卫生
3		感染	infection	感染
4		漢方薬	(Chinese) herbal medicine	中药
5		疾病	disease	疾病
6		腫瘍	tumor	肿瘤
7		処方箋	prescription	处方笺，药方
8		製薬	medicine manufacture	制药
9		糖尿病	diabetes	糖尿病
10		微生物	microorganism	微生物
11		分析	analysis	分析
12		免疫学	immunology	免疫学
13		薬害	drug disaster	药害，副作用
14		薬物治療	drug treatment	药物治疗
15		臨床試験	clinical trial	临床试验

面接の時は、まわりの人がとても優秀に見えるかもしれません。
でも、みんな「五十歩百歩」です。
あなたはあなたの実力を出せるようにベストをつくしてください。

	✔	中国語(繁体字)	韓国語	ベトナム語
1		醫療	의료	y tế
2		衛生	위생	Vệ sinh
3		感染	감염	Truyền nhiễm
4		中藥	한방약	Thuốc bắc
5		疾病	질병	Bệnh dịch
6		腫瘤	종양	Khối u
7		處方籤・藥方	처방약	Đơn thuốc
8		制藥	제약	Chế biến thuốc
9		糖尿病	당뇨병	Bệnh tiểu đường
10		微生物	미생물	Vi trùng
11		分析	분석	Phân tích
12		免疫學	면역학	Miễn dịch học
13		藥害・副作用	약(물피)해	Độc tố
14		藥物治療	약물치료	Thuốc điều trị
15		臨床試驗	임상시험	Kiểm tra lâm sàng

第5章 分野別用語集

理学 「これだけはぜひ」レベル

	✔	日本語	英語	中国語（簡体字）
1		アルカリ性	alkalinity	碱性
2		アルコール	alcohol	酒精
3		遺伝	genetics	基因
4		遺伝子工学	genetic engineering	基因工学
5		化学	chemistry	化学
6		環境	environment	环境
7		クローン	clone	克隆
8		ゲノム	genome	染色体组
9		原子	atom	原子
10		元素	element	元素
11		細胞	cell	细胞
12		酸性	acidity	酸性
13		実験	experiment	实验
14		植物	plant	植物
15		数学	mathematics	数学
16		生物学	biology	生物学
17		積分	integral	积分
18		タンパク質	protein	蛋白质
19		地球科学	earth science	地球科学
20		地球物理学	geophysics	地球物理学
21		電池	battery	电池
22		糖	sugar	糖
23		バイオテクノロジー	biotechnology	生物工程
24		微分	differential	微分
25		物理学	physics	物理学
26		分子	molecule	分子

	✔	中国語（繁体字）	韓国語	ベトナム語
1		鹼性	알카리성	Tính kiềm
2		酒精	알콜	Cồn
3		基因	유전	Di truyền
4		基因工學	유전자공학	Công nghệ di truyền
5		化學	화학	Hóa học
6		環境	환경	Môi trường
7		複製	크론	Hệ vô tính
8		染色體組	게놈	Hệ gen
9		原子	원자	Nguyên tử
10		元素	원소	Nguyên tố
11		細胞	세포	Tế bào
12		酸性	산성	Axit
13		實驗	실험	Thí nghiệm
14		植物	식물	Cây
15		數學	수학	Toán học
16		生物學	생물학	Sinh học
17		積分	적분	Tích phân
18		蛋白質	단백질	Hợp chất hữu cơ
19		地球科學	지구과학	Khoa học trái đất
20		地球物理學	지구물리학	Vật lý của trái đất
21		電池	전지	Pin
22		糖	당	Đường
23		生物工程	바이오테크노로지	Công nghệ sinh học
24		微分	미분	Vi phân
25		物理學	물리학	Vật lý học
26		分子	분자	Phân tử

第5章　分野別用語集

理学　「時間があれば」レベル

	✔	日本語	英語	中国語(簡体字)
1		解析(かいせき)	analysis	解析
2		還元(かんげん)	reduction	还原
3		幾何学(きかがく)	geometry	几何学
4		酸化(さんか)	oxidation	氧化
5		素粒子物理(そりゅうしぶつり)	elementary particle physics	基本粒子物理学
6		地質学(ちしつがく)	geology	地质学
7		電気分解(でんきぶんかい)	electrolysis	电气分解
8		微生物(びせいぶつ)	microorganism	微生物
9		放射線(ほうしゃせん)	radiation	放射线
10		無機化学(むきかがく)	inorganic chemistry	无机化学
11		免疫学(めんえきがく)	immunology	免疫学
12		有機化学(ゆうきかがく)	organic chemistry	有机化学
13		溶液(ようえき)	solution	溶液
14		量子物理学(りょうしぶつりがく)	quantum physics	量子物理学
15		量子力学(りょうしりきがく)	quantum mechanics	量子力学

「人事(じんじ)を尽(つ)くして天命(てんめい)を待(ま)つ」です。
できるかぎりのことをしたあなたはもう大丈夫(だいじょうぶ)です。
さあ、大(おお)きく息(いき)を吸(す)って、にっこり笑(わら)って、ドアを開(あ)けて部屋(へや)に入(はい)りましょう。

	✔	中国語(繁体字)	韓国語	ベトナム語
1		解析	해석	Giải tích
2		还原	환원	Hoàn nguyên
3		几何学	기하학	Hình học
4		氧化	산화	Quá trình oxy hóa
5		基本粒子物理学	소입자물리학	Vật lý hạt cơ bản
6		地质学	지질학	Địa chất học
7		电气分解	전기분해	Điện Phân
8		微生物	미생물	Vi trùng
9		放射线	방사선	Tia phóng xạ
10		无机化学	무기화학	Hóa học vô cơ
11		免疫学	면역학	Miễn dịch học
12		有机化学	유기화학	Hóa hữu cơ
13		溶液	용액	Dung dịch
14		量子物理学	양자물리학	Vật lý lượng tử
15		量子力学	양자역학	Cơ học lượng tử

第5章 分野別用語集

JASSO 日本語教育センター
『進学する留学生のための面接』作成グループ

東京日本語教育センター　　水野　雅方
　　　　　　　　　　　　　秦　　靖子
　　　　　　　　　　　　　保志　茂寿

大阪日本語教育センター　　藤間　貴子
　　　　　　　　　　　　　清水　孝司
　　　　　　　　　　　　　磯田　郁子

英語訳……………………奥本　陽子
中国語訳…………………松本　　晶
韓国語訳…………………李　　温九
ベトナム語訳……………Phuong Thao Anh MH
イラスト…………………岡本　昌代

進学する留学生のための面接

［発行日］　　初版　　2019年4月20日
　　　　　　　第4刷　2023年11月25日

［編集・制作］　JASSO　日本語教育センター
　　　　　　　　日本学生支援機構　東京日本語教育センター
　　　　　　　　日本学生支援機構　大阪日本語教育センター
　　　　　　　URL　https://www.jasso.go.jp/ryugaku/jlec/index.html

［発行者］　　久保岡　宣子

［発行所］　　JDC出版
　　　　　　　〒552-0001　大阪市港区波除6-5-18
　　　　　　　TEL.06-6581-2811（代）　FAX.06-6581-2670
　　　　　　　E-mail：book@sekitansouko.com
　　　　　　　郵便振替　00940-8-28280

［印刷・製本］　前田印刷株式会社

©JASSO 2019　本書の一部または全部の無断複写、複製、転記等を禁じます。